陈春花管理经典

激活组织
从个体价值到集合智慧

陈春花 著

·精编版·

机械工业出版社
China Machine Press

图书在版编目(CIP)数据

激活组织:从个体价值到集合智慧(精编版)/陈春花著.—北京:机械工业出版社,2020.1

(陈春花管理经典)

ISBN 978-7-111-64225-1

I. 激… II. 陈… III. 组织管理学 IV. C936

中国版本图书馆 CIP 数据核字(2019)第 256019 号

激活组织:从个体价值到集合智慧(精编版)

出版发行:机械工业出版社(北京市西城区百万庄大街22号 邮政编码:100037)
责任编辑:冯小妹
责任校对:李秋荣
印　　刷:北京文昌阁彩色印刷有限责任公司
版　　次:2020年4月第1版第1次印刷
开　　本:103mm×145mm　1/64
印　　张:4.375
书　　号:ISBN 978-7-111-64225-1
定　　价:49.00元

客服电话:(010)88361066　88379833　68326294　　投稿热线:(010)88379007
华章网站:www.hzbook.com　　　　　　　　　　　　读者信箱:hzjg@hzbook.com

版权所有·侵权必究
封底无防伪标均为盗版　　本书法律顾问:北京大成律师事务所　韩光/邹晓东

目录

导语 驾驭不确定性是组织管理的核心挑战

不确定性成为常态·2

组织需要驾驭不确定性·5

组织成员拥有持续创造力是根本解决之道·7

第1章 组织环境的新特征

变自生变·12

新族群·23

渠道新属性·27

  运营数据化优势·30

  信息共享化优势·30

  规模效率优势·31

  协同网络化优势·32

新进入者·34

共享经济·38

第2章 重构企业认知

重塑边界已经成为事实·41
行业的边界被打破·41
生产者与消费者的边界被打破·43
企业的组织边界被打破·44
认识未知而非经验传承·46

第3章 获取持续成长的管理秘诀

增长型组织思维·51
  从外向内看的思维原则·56
  鼓励探索与宽容失败的思维模式·58
  打破边界的思维方式·61
自驱动的变革文化·65
  更扎实地做事情·69
  有强大的危机意识·70
  能从失败中汲取价值·70
  坚持学习与竞争·71

全员创新·72

符合市场与客观发展规律的企业逻辑·73

　　　着眼于顾客是关键·77

　　　关注技术变化是核心·83

管理不确定性的能力·84

　　　识别不确定性·85

　　　与不确定性共处·89

　　　有定力·93

第4章　激活个体与组织赋能

效率来自协同而非分工·100

　　　组织的"强链接"·101

　　　柔性价值网·103

　　　共生逻辑·105

激励价值创造而非考核绩效·108

　　　做出来的是天才，做不出来的是人才·108

　　　人人都是自己的CEO·111

新文化·114

　　　价值观驱动·117

全球思维·125
理念与习惯·130

第5章　激活组织的七项工作

第一项：打破内部平衡·140
  消除结构障碍·140
  划小单元·146
  无固定领导权威·149
第二项：基于契约的信任·152
  管理员工期望·154
  给员工以组织支持感·161
  信息透明与沟通·165
第三项：设立新激励·171
  合伙人制·171
  平衡家庭与工作·177
  幸福组织·183
第四项：授权各级员工·194
  鼓励试错行为·197
  打造自组织·198

第五项：创造可见绩效·202
  顾客立场·202
  为员工设计绩效·207
  关注机会而非问题·210
第六项：合作主体的共生系统·212
  开放平台·213
  构建价值共同体·217
  建立生态逻辑·223
第七项：领导者的新角色·225
  布道者·226
  设计者·232
  伙伴·237

结束语　未来已来，请有尊严地放手

"未来已来"时的你与世界·246
眼前正在发生的一切，也是未来发生的一切·247
  重新定义行业的边界·247

通用电气：从"科技改变生活"到
　　"科技改变效率"·248
　　未来商业时代运作·251
一切皆变，一切皆存在·252
　　行业竞争的本质要素改变·252
　　增长逻辑的改变·253
　　创新价值不同·254
　　唯一不变的是回归顾客价值·256
面向未来的四个关键词：技术、数据、
创造与智慧·257
创造未来比预测未来更重要，答案
在你自己手上·258

参考文献

| 导语 |

驾驭不确定性是组织管理的核心挑战

现今,让组织成员具有创造能力,感受工作的意义与价值,是组织驾驭不确定性的根本解决之道,也是最为核心的组织管理与领导力挑战。

这不是学术层面的探讨,而是基于我亲身经历的经验之谈。在过去几年中,我与一家大型农牧企业一起,经历了完整的变革与转型。我和同事所面对的,不仅仅是企业本身的问题,也不仅仅是外部环境的问题,而是不确定性带来的全新挑战,是如何让每一个员工跟得上时代步伐的挑战。

不确定性成为常态

在我置身于企业实践的三年间,我清晰地感受到,"变化"已经无法定义现在的环境,我选择了以"不确定性"来定义环境。它比"变化"更能凸显环境改变之剧烈。具体来讲,它表现出以下三个特性。

第一,不可预测性。不确定性的第一个特征是不可预测性,甚至没有规律可循。维克托·迈尔–舍恩伯格和肯尼思·库克耶在《大数据时代》中写道:"虽然我们可以塑造当下,但未来从过去的'完全可预测'转变为一块开放又原始、广阔而空白的帆布,所有人都可以在上面依据自己的价值,努力裁剪塑形。"这是今天这个时代环境最具魅力的地方：一切皆变，一切皆存在。

第二，多维性。我从来没有想到出租车司机竟然是第一个全面与互联网对接的职业，也绝对不会想到出租车这个行业已"极速"互联网化。相信大家已经对 Uber、滴滴等打车软件非常熟悉了。当你来到世界不同的城市，一个打车软件就可以帮助你去往各个地方，这样的便捷使得顾客无法不与其紧密地结合在一起，结果导致了出租车行业大范围的讨论和撞击，甚至很多政府为此要出新规。无论政府、原有的出租车行业以及相关人员如何去想，这些改变已存在于这个行业，不管你是否愿意，这就是现实。

环境的影响因素也在改变。在打车软件出现之前，对出租车司机产生影响的因素也许是油价、天气、道路管制以及行业规则。打车软件出现之后,虽然这些影响因素还在,但是影响作用发生了变化;乘客和出租车司机的关系也改变了,两者的关系因为"第三者"的出现,显现出不同的效率和结果。多维性带来的复杂性,让不确定性更加普遍。

第三,开放复杂性。开放使得所有的边界都被打破,使一切皆有可能成为真实的存在。我在年轻时,并不了解生命的本质。或许是工科出身的缘故,我认知世界的方式开始变得科学而理性,时间变成线性,岁月是一条演变的长河,生命一去不复返。因为禅修的缘故,我用心去理解生命的意义,知道生命本质上是一种轮回,生命的终点也是起点,这时时间是一种循环。从时间可以挥霍,到时间是线性一去不复返,再到时间是生命的轮回,这是我认知时间的一个过程。假设这是过去、现在、未来的概念呈现,那么唯有透过现在,才有过去,也才有未来,这是一个完全开放的过程,是一个出现一切可能的过程,也是一个创造生命传奇的过程。

不可预测性、多维性、开放复杂性是"不确定性"不同于"变化"所具有的三个特征,也是我用来描述环境的关键词。正因为如此,我决定撰写本书,在书中阐明**管理者如何驾驭不确定性**,从而在不确定性中给组织中的个体寻求一个空间,并不断赋能力、资源、平台给予个体,使其感受工作的意义与价值,从而与组织一起把握不确定性带来的机会。

组织需要驾驭不确定性

今天管理者的核心工作,是要**确保组织可**

以跟得上环境的变化,让组织具有驾驭不确定性的能力。要做到这一点,其核心是要关注组织成员的成长,以及成员能够做出持续的价值创造。这需要企业的领导者具有创业精神并具有超越自身经验的能力,特别是那些曾经被证明成功的企业及企业领导者。

在新希望六和转型的三年中,我和同事面临着同样的抉择,行业开始发生剧变——产能过剩、养殖规模化、消费者更关注食品安全、国家监管政策深化、谷物全球供应格局形成、行业技术进步以及新进入者,这一系列变化对新希望六和提出了从未有过的挑战。大家忽然发现,之前所有的经验似乎都无法应对新的挑战,甚至所拥有的核心优势,可能已经成为新发展的障碍。这意味着公司需要转型,需要开辟新业务,同时也意味着公司以及公司里的每一个员工必须建立新的核心能力。

很多企业都会遇到同样的问题,要不要转型?如何构建新的能力?没有人能保证,新业务与转型就一定会成功,整个过程充满了不确定性,企业领导者必须面对这些艰难的抉择,带领企业前进,唯有如此,才可以保证公司与时俱进,赢得主动并获得新格局中的决定性位置。

组织成员拥有持续创造力是根本解决之道

凯文·凯利在《技术元素》一书中有一个论断:所有公司都难逃一死,所有城市都近乎不朽。因为公司的成长逻辑遵循着有机体的生长周期规律,好像人一样,有发展也有衰退,而城市则构筑了自我不断动态扩张的生态系统,在变化中有着不可预测的未来。

凯文·凯利更将视野放开,从大自然中提炼出"无中生有"的九条规律,为终极生态系统的扩张奥秘追本溯源。然后视野一收,他竟然从现代公司里正在发生的事情中,找到了这九条规律存在的依据:它们都致力于打破边界,内向成长。

公司是有生命周期的,而事业的影响可以绵延不绝,这也正是人们认为信息时代更趋于人本回归的原因。

让我们来看看华为,华为的核心竞争力来源于组织和个人的核心竞争力;任正非将华为人个人的核心能力与组织的核心能力聚合,形成强大的冲击力。这种冲击力被任正非称为"狼性"。

基于对组织力量的理解,任正非对华为人(甚至包括华为下游供应商)赋予了公平原则、利益共享。他在危难时期承诺:"绝不让利益共同体吃亏。""我不知道我们的路能走多好,这需要全体员工的拥护,以及客户和合作伙伴的理解与支持。如果我的不聪明,引出来的集体奋斗与集体智慧,能为公司、为祖国、为世界做出一点贡献,那我20多年的辛苦就值得了。"

由此可见,华为的力量来源于组织整体,而绝非个人,这也是华为持续发展的动力所在,是任正非创造的华为组织整体的可持续力量。

这是一个极具挑战的时代,一方面,个体变得更加强大,个体所拥有的知识、能力、信息以及独立的程度,使得个体更加明确地了解到自己的需求与价值;另一方面,组织变得更加强大,组织所拥有的资源、平台、机会以及聚合影响力的程度,使得组织更加明确地了解到自己的属性与价值。

这两个看似矛盾的存在,却有着另一层意义需要我们理解,那就是**拥有强大个体的组织,会具有更强大的影响力,来驾驭不确定性,而强大的个体更需要嫁接在一个强大的组织平台上,这样才会释放出个体巨大的价值。**

这是一个英雄辈出的时代,更是一个集合智慧的时代。

拥有强大个体的组织，会具有更强大的影响力，来驾驭不确定性，而强大的个体更需要嫁接在一个强大的组织平台上，这样才会释放出个体巨大的价值。

第 1 章

组织环境的新特征

对于任何组织管理而言，必须了解到环境对组织本身的影响。今天，组织的绩效已经不再只是取决于组织本身，更主要的是由组织外部的因素来决定，而决定组织绩效的外部因素被称为"组织环境"。我试着对此做一次梳理，归纳出目前环境变化几个最重要的特征。

变自生变

特征一：不确定性不仅是常态，而且是经

营的条件与机会。

让我们先看看一家企业的战略机遇。威创视讯是总部位于广州的一家高科技公司,其最早的业务是大屏幕拼接技术。公司在大屏幕拼接技术领域拥有自主创新的能力,并在中国市场上取得了非常领先的地位。

但是从2011年开始,显示技术的改变让这家企业遇到了前所未有的挑战。以下三个最重要的挑战,已经摆在每一个威创视讯人的面前:新业务没有获得根本性的突破;代理商、用户、市场甚至同行都在观望;公司内部弥漫着怨气、疲惫,以及无法看清未来的恐惧。引发这三个最重要挑战的诱因,一方面来自外部环境的变化,另一方面来自公司内部的问题,核心是不确定性加剧。

对于这家公司而言,外部环境真的变了。

从技术层面而言，显示技术、网络技术、信息技术、检测技术、新材料技术等，这些与产品相关的技术都有了质的提升。这些技术应用到拼接领域、监控领域自然也带来了巨大的改变。从用户的层面看，公司的用户已经从单纯的显示需求，转变到复杂的使用需求；已经从拼接产品的外行人，转变成拼接产品应用的内行人；已经从产品的购买者，转变为产品的设计者。

从代理商的层面理解，公司的代理商已经从利益驱动，转变到价值驱动；已经从采购商，转变成价值链的管理者；已经从用户的供应商，转变为用户的服务商。

从同行层面理解，公司的同行不再是简单地进行模仿，也成为商业模式的创新者。它们利用资本的能力、整合资源的能力、与市场沟通的能力、寻找新的人力资源的能力、规划市场的能力等,都在快速地显现出来,并有明确的方向以及凸显这些能力的展示方式。

从市场的层面看,拼接领域呈现出了明显的市场新格局:需求多元的结构、产品细分的结构、增值应用的转变、渠道多元的结构。

任何一家企业能够持续发展,最根本的原因是能够与环境互动,并与环境发展的趋势相吻合。所有成功的企业都善于在环境变化中掌握机遇,威创视讯之所以有今天的成功,源于在过去十年中,理解并拥抱了中国市场的高速发展,用适合中国市场的特点,安排了自己的商业模式。但是,到了2011年,如上述所言,环境改变了,如果依然用创业之初的商业模式、产品结构以及市场认知支撑业绩,显然已经无法持续;借助惯性发展,虽然能够完成每一年的任务,但是无法看到更长远的未来。公司决策层知道,这是"虚假繁荣",被业绩掩盖的"虚假繁荣",这会让公司在未来的竞争中,处于极其被动的境地,并有可能一步步失去已有的市场地位。

威创视讯人从这一年开始,意识到需要做出彻底改变。他们有意识地培养自己,让自己不受日常工作的局限,以更广阔的视角看到行业发展的大格局,而且思考各种不同寻常、有别于以往的事件对整体市场前景的重大影响。他们将所有这一切的变化视为一定要彻底改变自己的动因,甚至他们会要求自己离开行业去找新的机会,而不仅仅局限于原有的领域、原有的竞争力、原有的经验。所以,公司确定了"资本驱动转型"的"双业务"战略,在2015年成功跨界到中国儿童成长服务领域。

有些人看待市场变化过于狭隘,无法看到其背后更为深远的影响,庆幸的是威创视讯的创始人何正宇看到了变化背后更为深远的影响,及时引进战略伙伴和君商学,并带领董事会坚定地落实"资本驱动跨界"的战略。今天的威创儿童成长服务平台已经是中国在该领域中的领先者。如果不是大屏幕拼接领域的不确定性对威创视讯的挑战,威创视讯的儿童成长服务平台也不太可能出现。今天的威创视讯已经更名为威创集团,并成功在两个产业领域中打下了发展的基础。

视不确定性为发展的机遇,这是威创集团成功跨界的主要原因。同样不断挑战自己、与不确定性共舞、驱动成长的华为更具有代表性。

华为从一家小公司成长为一个真正的全球行业领袖,经历了自我超越和持续变革的过程。这个成长过程也源于华为对自己所在领域变化的敏锐与呼应。在《华为基本法》的基础上，从1998年第三季度开始，华为借助IBM的顾问团队踏上了转型的艰难历程，主要做了以下几件事情：

:: 1998～1999年，华为知道它面临的竞争会来自跨国企业，而这也是它获得发展的机会，所以决定借助IT发展规划将业务运营提升到世界级水平（组织内部研究华为如何利用IBM来改进自己）。
:: 1999～2003年，华为了解到为客户价值创造的研发，会让它找到未来的机会，因此展开为客户进行计划、选择、调整、开发和管理新产品的开发系统，将以研发为唯一视角变成跨职能的视角来满足未来业务（提升华为的供应链）。

- 2000～2002年，华为需要全员面向顾客，并形成共同的工作习惯与话语方式，利用组织能力服务顾客，打造未来的竞争力。它开始构建客制化应用方案的IT能力，实施所有需要的IT工具来支持IPD的流程和方法论（共同理解和变革管理方式）。
- 2003～2008年，自我驱动成长可以让华为面对不确定性，并由此获得新的发展机会，因此华为建立了一个能够支持和推动未来持续增长的组织模式（华为强调基本的领导能力建设）。
- 2009～2013年，成为真正的全球行业领袖需要华为具有更加强大的创造力与组织力，这样才会形成一个柔性化的组织并引领变化，从而成为行业领袖（华为强调一线授权以及"轮值CEO"的组织创新)。

:: 2013~2016年,华为步入战略"无人区",需要更大的力量来面对不确定性,所以需要构建直接连接终端消费者的能力,需要能够真正基于最终消费者的价值创造(华为主航道战略、与终端消费者沟通)。

在华为持续变革的计划中,任正非以一个战略领袖的敏锐性,感知变化并超前做出布局与安排。他也一直要求自己成为坚定的变革领导者。

IBM前任总裁郭士纳说:"核心领导人的存在对转型成功有着深刻的影响。"企业总是希望可以寻找到持续发展的路径与方法,其关键是领导者对于变化的理解以及从中生发出战略的能力。

通过最近十几年的观察,特别是互联技术对传统企业的冲击,我发现,如果不是从变化中寻找机会,不做彻底的自我超越,不做组织与文化上的转型和创新,而仅仅是在经营上做调整,应该很难取得成效。其中最核心的是领导者要做出改变,因为企业责任的主体以及组织文化的主体依然在领导者的身上,需要领导者自己来主持企业转型,要知道缺失了领导者转变这个环节,转型很难进行。

2013年,市场环境发生了很大的变化,健康行业的高端市场下滑严重。"同仁堂健康"为消费者所熟悉的虫草、燕窝、海参等高档滋补产品销售也出现了下降,而新的明星产品又迟迟没有出现,一直快速增长的销售因而受到了冲击。这时,同仁堂的经理人开始反思,原有的产品优越感少了,怎么做好市场、做好服务的声音多了起来。"同仁堂健康"CEO俞俊说:"在市场变化、销售下降的时候,我对战略转型反而更加坚定。我们自上而下开展了多达百场的战略宣讲,对全体员工进行战略培训,要求所有中高层都向我讲述他们对战略的理解。"

在接下来的一年多时间里,"同仁堂健康"迅速开发出了对外和对内的交流平台,推出了多个微信公众号,在营销上也以一些典型客户为原型,在网上现身说法。公司中高管团队建了一个日常交流的"Change Maker"(变革者)微信群。在群里,各种以用户为中心的案例、来自互联网企业的经验成为最热门的话题。在新产品开发上,"同仁堂健康"也摒弃了原有的"我有一个特别好的产品,人人都知道它特别好,现在我卖给你,你不买就是吃亏"的思路，转为"我发现客户有一个未被满足的健康需求，而我们'同仁堂健康'可以开发出相应的产品，满足这个需求"。

优秀的企业实践表明，一个好的企业领导者一定是坚定地因应变化引领变革的，他会把每一个变化视为挑战，并毫不犹豫地带领整个组织进行变革；他会把每一个变化视为自己的机会，而不是阻碍，用创新与变革来拥抱机会。

新族群

特征二：我对互联网最深的理解，是庞大的线上人口。

我对互联网最深的理解是，它拥有庞大的新族群。看一下中国的数字，2003年网民数是0.79亿，网民渗透率是4.6%；2018年网民数是 8.29 亿，网民渗透率是 58.5%；15 年间，中国网民数增长了近 10 倍，2018 年的网购用户数超过英、法、德、意四国人口总和的 2 倍（英、法、德、意四国总人口为 2.7 亿）。此外，这个消费人群是最活跃的、最有生命力的族群，他们有自己的主张，不随波逐流，更重要的是他们要创造新的游戏规则，要以他们的生活方式来界定商业与价值。这对企业领导者提出了新的要求：不能依赖于以往的经验面对顾客，而应当认真对待变化，适时改变自己。

我非常惊讶腾讯、滴滴这样的公司，它们是完全按照互联网的逻辑，组合新族群展开商业活动的公司。它们掌握数据，分析客户行为，选择聚焦哪个细分市场，知道在哪里主动出击，提出自己的关键假设，设计新的商业模式，寻找与发现不同事物间的关联并且与顾客亲密地组合在一起，从而获得属于它们的高速发展机遇。

有人问我，互联网企业与传统企业最大的区别是什么，我的回答是：传统企业层级森严的官僚体制经常模糊了本来应有的对客户的关注，经营管理完全与顾客脱节。或者也可以这样说，这不是互联网企业与传统企业之间的差距，而是好企业与差企业之间的差距。**好企业一定会与顾客在一起，一定会基于顾客的立场来发展自己；差企业一定会离开顾客，只站在自己的立场上，深陷组织官僚体制之中。**

最近十年来，我花费很多时间与新兴企业的创业者在一起，与85后、90后在一起，学习他们的语言、表达问题的方式，学习他们的思考模式以及沟通方式，更多的时候需要理解他们的价值判断以及行为选择的依据。

好企业一定会与顾客在一起,

一定会基于顾客的立场来发展自己;

差企业一定会离开顾客,

只站在自己的立场上,

深陷组织官僚体制之中。

我在新希望六和成立了创新事业部,这个事业部绝大部分人员是新入职的员工。更重要的是,因为这个事业部,我和管理层有了一个与他们一起工作的机会。我很感谢这些年轻同事在创新事业部带给我的帮助和启示。

今天,我们要跟互联网走在一起,不是基于互联网技术,而是因为互联网技术带来的巨大消费人群,是因为新族群带来的全新生活方式。我建议大家去思考:你该如何接近8亿"全新的族群"?你是否需要与其发生关系?你要不要关注他们?我想这就是你要特别面对的互联网话题。

渠道新属性

特征三:渠道发生了根本性的改变。

也许是20多年前扎根研究中国家电企业

发展模式的原因,我对渠道特别关注,为此我和海然专门写了一本书——《争夺价值链》。渠道作为一个重要的价值链成员,在过去的20多年间,已经成为中国制造业成功发展的生存方式,成为企业竞争和抗衡的基本语言。

销售管理通过各种类型的分销渠道来实现,由分销渠道的资源来驾驭各种利润要素,进而驱动销售目标的达成。事实上,渠道分销就是制造商与供货商占据和影响消费者之战,因此在销售目标达成的过程中,掌控分销渠道就等于拿到开启市场之门的钥匙。

中国在经历了30年连续的高速发展后,已经产生了生产能力普遍过剩的情况。新制度学派认为一切社会经济问题的根源在于稀缺,过去是商品稀缺,产业资本扩张,而现在是生产过剩,渠道稀缺,商业资本扩张。新渠道的出现，给基于新渠道的资本扩张提供了无限的空间。

生产和渠道的结合还应取决于消费者，问题的关键是消费者在购物时是希望有更多的品牌可供比较和选择，还是忠实于某一个品牌。从这一点上讲，对于生产商而言，渠道决策是一个非常复杂的问题。生产商既要考虑商品的特性，又要考虑消费者的购买习惯，还要平衡由此带来的经济效益。

互联网技术的出现，让这种平衡兼顾到经济效益，并获得更多的消费者回应。这个全新的渠道，就是基于互联网技术、数据技术而形成的价值网络。在"互联网+"之下，当数据产生是全方位、实时、海量的时候，企业间的协作就必须像互联网一样，要求网状、并发、实时的协同，其具有的优势特征非常明显，可以归结为以下几点。

运营数据化优势

新渠道存在着涵盖生产、研发、供应、分销、零售以及用户等所有价值链成员在内的信息系统的综合优势。决策者随时可以了解到渠道成员变化的情况,包括商品、消费者沟通以及价值链上的成本,这些动态的信息为决策者提供了可靠的信息决策支持。

信息共享化优势

信息不对称、中间环节过多、链条长、产业效率低是传统渠道自身的缺陷,因为信息化程度低,在传统产业体系下,商业活动仅围绕少量重要数据展开。企业之间的协同是单向的、线性的、紧耦合的控制关系,而且用户主动参与成本高。新渠道正是因为补足了传统渠道的这些缺陷而颠覆了传统渠道。在新渠道中，信息共享成为纽带，让渠道成员能够信息对称，并且企业间以及企业与用户之间，其协同是网状的、实时的和紧密的。

规模效率优势

2001年，沃尔玛的销售规模达2100多亿美元，相比之下，整个中国的前500位大型零售企业的销售额总和还不及它的1/10。这样的规模在竞争中的优势可想而知，如此大的市场规模，使其在进货渠道、进货价格上的优势几乎处于垄断地位，这是中国的零售商想都不敢想的。

但是到了2015年，阿里巴巴的销售规模达3万亿元，这一年沃尔玛的年度销售规模与此相当，但是沃尔玛动用了约230万人，而阿里巴巴只用了7000人。通过对2001年与2015年两组数据的比较，可以看到新渠道的规模优势，不仅体现在规模本身，还体现在其具有传统渠道所不具备的优势，我称之为"规模效率优势"。

协同网络化优势

随着消费者拥有的信息以及能力的增加，满足消费者需求的细分市场越来越显著。新渠道的数据及网络化能力，可以很好地满足这样的需求，并形成协同网络化优势。

与传统渠道相比，在技术的帮助下，以下三件事情发生了改变：

第一，顾客中心转为用户中心。市场需要用户体验至上，商业回归人性需要理解每一个消费者的需求。互联网企业为什么愿意用"免费"或者"补贴"等方式?因为这正是人性的一部分,借助免费和补贴,互联网企业非常容易获得大量的用户。

第二,产品驱动转为数据驱动。有人说,"未来商业的本质就是数据,要么数据化,要么灭亡。"如何理解这句话?在传统商业逻辑下,产品是企业与顾客之间的桥梁;在新的商业逻辑下,数据承担了这个"桥梁"的角色。

第三,供应分工转为生态协同。传统渠道中的成员之间是供应分工的关系,新渠道中的成员之间是价值协同的关系,供应分工的最大特征是"价值分配",生态协同的最大特征是"共同成长"。

这三个改变,使得企业依靠"内部资源能力"和"外部合作生态",形成持续的"价值创造""价值传递"和"收益获取"的内在"系统逻辑"。这是一个系统的逻辑,是一个不断持续价值创造的逻辑,也是新渠道最核心的逻辑。

今天需要大家特别注意的是,在市场格局中,内部的资源和能力也许不再是最重要的,最重要的是你的企业可不可以与外部机会组合在一起,并为这个新机会建立新的资源与能力,尝试冒险与创新,进行价值创造、价值延伸以及价值共享。

新进入者

特征四:新进入者改变游戏规则。

Uber 说:我们的目标是取代私家车。当 Uber 出现时,并没有人意识到这意味着什么。但是 Uber 做了出租车行业从未做过的一些事情，比如让每一个私家车车主都可以注册成为Uber司机，通过软件算法为需要乘车的乘客自动匹配附近的司机，最快速地回应消费者的需求；Uber乘客对司机的评分直接影响司机的收入，这一评价机制保证乘客可以享受到最好的乘车体验，同时车费结算在线上自动进行，改善了支付体验，这种顾客参与的全新体验提供了足够的顾客黏性；软件对每一次行程路线和司机信息都有记录，充分保障了乘客的安全。

大疆是第一家将专业无人机推向民用市场的公司，并且在技术、设计、用户体验上都做到了极致。其开发出的大疆飞行器占据全球70%的市场份额。在《时代》杂志2014年评选出的年度十大创新工具中，大疆的无人机入围，排名全球第三。大疆的广告词是：发现世界惊叹之美。

探索其成功的缘由,皆因为它们是"新进入者",用全新的逻辑去展开自己的商业模式,不遵循原有行业的商业逻辑,反而获得了新的成长机会。

不断关注新进入者,也一样要面对挑战,需要管理者真正去思考一些问题:未来的发展会出现哪些可能的情况?这些变化分别会带来哪些机会?新进入者的突破会造成什么影响?这对你所在的行业以及你自己的企业意味着什么?这些问题需要你特别关注,并且转换你的立场与思维方式,站在新进入者的立场,像新进入者那样去思考,去理解市场与顾客,去理解行业价值以及相关方的利益。

像新进入者那样去思考,

去理解市场与顾客,

去理解行业价值以及相关方的利益。

共享经济

特征五:离散程度越高,价值集中越快。

2016年开始,一个新词进入了人们的语境,这个词叫"共享经济"。共享经济最大的特点是什么?就是离散程度越高,价值集中越快。那些分散程度高的行业,已经开始被共享经济改造,如出租行业、旅游、咖啡餐饮,甚至包括教育。

对于企业来说,消费者控制着其"想要什么""什么时候需要"的决定权。在互联网出现之前,顾客想看电视节目,需要接受企业的设计,按照企业约定的时间和标准来接受。但是今天,消费者在任何地方、任何时候,都可以看到电视节目,不受任何限制。因此,企业需要改变自己的角色,主动和顾客互动,寻找到与顾客之间的互补区域，了解什么方式是顾客习惯的、渴望的，了解如何设计一个平台，能够与顾客沟通，让顾客可以参与互动，形成社会化的网络。

人人参与、共创与共享已经成为这个时代的特征。德鲁克在《管理未来》中说："互惠（reciprocity）将成为国际经济整合的核心原则。这一趋势目前已经难以逆转了，无论你喜欢与否（我就不喜欢）。"

变自生变、新族群、新渠道、新进入者以及共享经济这五个特征，标志着环境的巨大变化，也意味着更多、更大的新机会一并存在，这既是管理者要面对的大挑战，也是管理者迎来的大机会。

第 2 章

重构企业认知

管理大师克莱顿·克里斯坦森（Clayton Christensen）提出"颠覆性创新"（disruptive innovation），用于描述新的竞争者如何瞄准市场根基，攻占市场，最终实现洗牌。这样的情形在过去是非常罕见的，而在今天则是非常普遍的。在这一系列的颠覆与被颠覆中，新的可能不断呈现，几乎我们所熟悉的边界都在被重新界定。

重塑边界已经成为事实

今天,各个行业的特征变得越来越模糊。智能互联产品不但会影响公司的竞争,而且会扩展整个行业的边界。竞争的焦点会从独立的产品本身转移到包含相关产品的系统,再到连接各个子系统的体系。一家产品制造商可能要在整个行业领域内竞争,有的时候消费者甚至也会参与到竞争中来。如今没有人可以百分之百地确定自己的竞争对手是谁,导致这种情形出现的原因是:所有行业的边界都在被重塑。

行业的边界被打破

从诞生初期的 PC 端线上聊天软件 QQ,到如今覆盖近 10 亿手机用户的微信,腾讯似乎已取代传统电信运营商,成为人们互动与连接最重要的载体之一。与此同时,在移动支付、线上娱乐、生活服务、在线旅游和交通出行等领域，消费者也会发现腾讯的身影。在智能互联网络的帮助下，腾讯将自己的竞争力持续地扩展到用户彼此之间相互连接的不同领域。你几乎无法界定腾讯属于哪一个行业，也很难知道腾讯的对手是谁。但是在腾讯的帮助下，你可以体验到"在线一站式服务"的生活状态。

在2015年之前，企业的经营活动都是围绕着结构调整、转型、升级、淘汰落后产能和组织内部激活展开的，这些活动可以解决企业所面对的挑战。但是2016年市场发生了全新的变化，其特点是：所有的行业（甚至包括新兴的互联网企业）都在发生质变而不仅仅是量变，都需要找到行业的新属性。所以，你会发现一家农业公司不再讲农业，一家卖场不再讲卖场,一家互联网公司不再讲互联网,这叫什么?这叫质变,也就是行业本质的竞争要素在变。

生产者与消费者的边界被打破

Uber把个人车辆的闲置时间利用起来,让私家车车主也可以转变为交通司机,乘客因而获得高效、低价的运输服务,服务方也享受到了使用效率提升带来的回报。在消费者和生产者彼此角色的轮换中,持续的需求与供给不断地被创造出来。短短几年时间,Uber便成长为全球最大的"出租车"公司。无独有偶,Airbnb也在共享模式的推动下成为世界客房数最多的"酒店"。消费者也会成为生产者,这样的组织会具有强大的生命力。Uber和Airbnb所采用的模式让它们具有了无法想象的魅力。

企业的组织边界被打破

今天的企业较之互联时代之前的企业,最大的不同就是具有弹性,组织需要不断地调整自己,不断地寻找与变化共舞的机会,甚至超越变化的能力;通过建立组织壁垒获得竞争力的方式很难再获得成功,组织更需要形成开放与合作的结构,令外界更容易被纳入,或者让组织本身更融入环境。

新希望六和在2013年9月制定了"新希望六和+"的策略,选择打开组织平台,无论是内部还是外部,都可以嫁接新的组织能力,从而帮助企业获得新的发展机会。在产业链上游,与生物基因科技公司、原材料供应商、食品公司进行合作;在内部,实行产销分离,设立创新平台，打造针对养殖户的技术、金融服务能力；在食品终端，与电商平台、终端食品品牌建立了战略合作关系。这些新能力的获得都是建立在合作的基础上的，同时它们也向全行业开放。这一切行动有效地帮助了新希望六和从生产商向以用户为导向的农牧业服务商转型。

行业边界、企业组织边界以及生产者与消费者边界的打破，已经不再是一种趋势，而是一种现实。我还记得2007年阅读《平台领导》这本书给我的启发，安娜贝拉·加威尔和迈尔克·库苏麦诺两位作者在研究英特尔、微软和思科如何推动行业创新的过程中，提出了有关平台领导的概念。"我们所说的平台领导，是指以推动自身行业创新为目标的公司。""没有哪个公司可以获得一个市场中所有的创新能力，特别是当需要创新的工具和知识比以往要更加广泛的时候。结果,在我们了解的平台当中,首先创建最基本的应用产品,然后再为新一代产品创建补足品。不管怎样,平台领导和补足品创新者具有很强的合作动机,因为它们联合起来的创新成果,可以为行业每一个参与者提高潜在收益。"企业管理者在理解了环境变化的几个根本特征后,就需要用产业再造的逻辑去看待每个行业,而不能仅仅依赖于自己的经验。

认识未知而非经验传承

因为互联网技术,农业企业也不得不面对再造的问题。以往提到农业的时候,我们可能会想到农村、农民、土地,会想到种子以及养殖和种植的环境。现在的农业加了三个要素:金融、数据、信息。金融为纽带,数据为支撑,实现信息闭环;用农业大数据、农村金融以及农业物联网对农业产业的全过程进行再造。

我一直对新希望六和的同事讲,我不担心他们在农业上的经验,因为新希望六和已经有了30多年的历史,其实我最担心的是,我们真的不知道未来的农业是什么样子。

"互联网+"给农业带来了前所未有的新属性,农业产业中最重要的四个环节,都因此发生了根本性的变化。

:: 在生产环节上,"互联网+"可以实现精准生产。生产过程变得精准,因为土地、环保以及空气等因素都有了很大的改变,如何减少占用和污染成为关键影响因素,这实际上等于农业生产过程的做法完全改变。

- 在经营环节上,"互联网+"可以实现农产品供应链。对经营的理解不再单纯是成本的改变,在经营的概念上更多的是农产品供应链;农业也和其他制造企业一样,未来最大的属性是供应属性;农业产业必须实现扁平化、透明化、公平化,必须真正与消费者对接和理解。
- 在农业管理环节,"互联网+"可以实现生产全过程的高效和透明,你必须让消费者了解产品是怎么生长的,比如新希望六和与京东合作,顾客可以在京东上买一块肉,知道这块肉被生产出来的全过程。
- 在信息服务环节,实现了便捷化、个性化。

这四个核心环节的改变,改变了整个农业

行业。

今天的组织管理所要解决的,是如何让组织具有面向未来的能力,而不是传承经验的能力。

怀特海的《教育的目的》一书中的很多观点都给我以启发。他在书中阐述了智力发展的节奏特点:浪漫、精确和综合运用,自始至终地存在。第一个阶段是对于浪漫的想象,这个很重要,可以激发想象力和创造力。第二个阶段是对精确的认识、对数据的认识,通过精确的知识细节进而领悟原理。第三个阶段是综合运用,要能够综合运用知识。我借用怀海特的这些观点来理解今天的综合运用,就应该是对未知认知的能力,而不是依靠经验。

第3章
获取持续成长的管理秘诀

为什么一些企业能够持续成长,持续应对外部环境的变化和挑战,无论是技术更新、经济危机还是行业调整?六七年前,我说手机行业中接下来能超过其他品牌的一定是华为,当时没有人信,因为当时的诺基亚、三星、苹果都非常强大。可是我为什么会说是华为呢?这是因为我去华为参观时,看到了这家公司正在做的事情:判断这个行业的变化、市场的变化、技术的变化,并且做了很多超前的投入和准备。今天华为手机的影响力,相信大家都已经在市场上看到了。

在持续研究中国领先企业的20多年间,我得以接触到很多优秀的企业,也研究了很多优秀的企业,特别是那些保持持续增长的优秀企业。通过总结它们的经验,我发现**卓越企业需要具备四个管理秘诀:增长型组织思维、自驱动的变革文化、符合市场与客观发展规律的企业逻辑、管理不确定性的能力。**

增长型组织思维

20多年来深入做"中国领先企业研究"的过程中,我最深的感受就是中国企业在发展到一定阶段时,遇到最大的挑战是组织和文化的瓶颈及惯性。有人说创新难,**我觉得转型比创新还难。转型比创新到底难在什么地方?难在组织思维的惯性。**

卓越企业需要具备四个管理秘诀：

增长型组织思维、

自驱动的变革文化、

符合市场与客观发展规律的企业逻辑、

管理不确定性的能力。

组织思维的惯性有两种：一种是增长型的组织思维，另一种是非增长型的组织思维。非增长型的组织思维体现在把 KPI 完成，不做冒险，不尝试新的突破，按部就班。增长型的组织思维体现在不断努力去做，尝试新东西，不满足于只完成 KPI。对于拥有增长型组织思维的企业而言，在任何情况下看到的都是机会，不是只看到挑战和压力。

华为顾问田涛在一次报告中说到，组织在早期要强调活力，要具有冒险精神。我们说华为把秀才造就成了战士，忽略了一个中间环节，那就是首先要让秀才具有冒险精神，这一点很重要。这难道是中国人的发明吗？这其实是真正的人类普遍的组织成长价值观。欧洲人怎么走到今天的？几百年前的西班牙、葡萄牙怎么能够成为当时的世界霸主？靠的是什么？

靠的是冒险精神。当它们富裕起来的时候,就开始搞资本市场,金融至上,开始忽视实业,开始普遍享乐,澡堂多于教堂,那种狂欢的文明必然导致衰落。后来英国怎么崛起的?当时的英国女王给那些到全世界掠夺财富的英国海盗们颁发了批文,叫"探险"。正是这种掠夺式的探险,才使得大英帝国在它的巅峰时期统治了整个世界的一大半。我想田涛用"冒险精神"做比喻,正是在强调在组织文化中,需要具有不断冒险的精神,而不是安于现状的精神,具有这样精神的组织会拥有增长型组织思维。

增长型组织思维是极为重要的,它包含下面三个方面的内容:从外向内看的思维原则,鼓励探索与宽容失败的思维模式,打破边界的思维方式。

增长型组织思维是极为重要的，

它包含下面三个方面的内容：

从外向内看的思维原则，

鼓励探索与宽容失败的思维模式，

打破边界的思维方式。

从外向内看的思维原则

企业组织与企业管理者能够基于外部而不是内部，基于顾客而不是自我，基于市场而不是产品，基于行业而不是资源，基于变化而不是历史，来分析问题与理解企业自身，我把此定义为组织思维原则，并坚持要求企业组织按照这个基准展开思考与工作。从外向内看的思维原则包含以下几个核心内容：第一，必须从外审视你的企业；第二，不断重新定义对市场、对行业的理解；第三，利用一切技术和机会明确顾客需求；第四，不断重构企业的核心能力。

以我自己在新希望六和集团的实践为例，2013年10月，中国饲料行业的许多同行在上海聚会交流，探寻这个行业最大的变化是什么。大家认同我的判断，即改变表现在以下三个方面：第一，行业的评价体系完全改变了。

以前是农民评价饲料企业好不好，现在是消费者评价饲料企业好不好，产品安不安全。第二，供应属性变了。以前是提供产品，现在是提供安全可靠性。第三，增长方式变了。以前是扩大产能，实现规模增长，现在是产能过剩，创新增长。评价体系、供应属性、增长方式都变了，这时候对行业的定义也就随之改变了。

我想其他行业也如农牧行业一样遇到了这个难题。这个难题就是行业的定义会变，你不能用你的经验、历史再来规划你所在的行业，如果你依然那样做，被淘汰也就是必然的了。从某种意义上讲，重新定义行业产生了更多的机会，所以需要企业拥有从外向内来看的思维习惯。

鼓励探索与宽容失败的思维模式

人的创造力决定着企业的成败。鼓励探索和包容失败的思维模式，需要企业组织，尤其是核心管理团队养成这种默契以及评价习惯。鼓励探索与宽容失败的思维模式有以下几个核心内容：第一，在企业价值共识约束下的自由发挥；第二，奖励探索；第三，包容失败。

人才的培养最重要的是价值共性的形成，有明确的价值观指引，才能保证行动的有效性。对于人才本身而言，他们具有创造力，同时也可能带来破坏力，因此在共同价值观约束之下是一个极为重要的前提条件。在企业中流行着一种"能人"的说法。这些"能人"直接影响着企业的经营绩效，如果他们不作为，绩效立即波动，正因为如此，"能人"常常要求企业为他们打破规则，为他们做出很多组织约束上的让步。请注意，在这样的情形下所获得的企业绩效，是极为危险的，因为无约束力的人才，是一种极为不负责任的创造力，这并不是我们所提倡的。企业价值观共识前提下的创造力，才是我们所提倡的。

所以，企业需要"对的人"，而不是"能人"。华为提倡的"以奋斗者为本"之"奋斗者"是对的人；英特尔公司提倡的"我们欣赏战败的人，而不是气馁者"，"战败的人"也是对的人；杰克·韦尔奇强调所谓的忠诚，不再是对企业实体付出时间而是在外部市场上取得胜利的人们之间的一种默契，这也是对的人。判断一个人是否是人才，不是看他创造了多少业绩，而是看他在共同价值观下创造的价值。

包容失败是组织获取创新的一个根本性基础。有关因失败而获得创新与机遇的例子数不胜数，我在这里不一一列举了。之所以把这一点作为核心内容提出来，是因为中国传统文化中固有的习惯往往不能够包容失败。在2016年里约奥运会上，中国女排的胜利让中国人极为振奋。2016年8月21日，女排决赛的电视收视率接近70%。30多年来，女排精神鼓舞着几代人在逆境中崛起。永不放弃、永不言败的团队精神是女排精神的内核，所以郎平才会说，"女排精神不是赢得冠军，而是有时候知道不会赢，也竭尽全力！"

我喜欢华为对于创新与研发的设计，华为每年把销售收入的10%～15%投入到研究和开发中，这是一个巨大的数字。其中30%用于研究，研究是一项不确定性的工作，需要鼓励探索与冒险，华为设定的一个收敛值是0.5，也就是说，允许有50%的失败。在华为看来，这不叫失败,叫探索。一个包容失败的华为,才会有如此巨大的竞争力与增长能力。

打破边界的思维方式

企业组织与企业管理者能够突破固有的边界、管理方式以及体系,为市场与顾客服务,而不是为组织内部的制度和系统服务,我把此定义为打破边界的组织思维方式。

打破边界的思维方式有如下核心内容:第一,用平台取代层级;第二,协同提升分工;第三,整合优化资源。

传统的组织管理是一个围绕着层级结构而展开的权力与责任体系。在层级结构之下,无论如何强调合作,无论花费多大的努力去打造一种合作的企业文化,组织成员还是会回归到岗位角色,这是必然的本位主义,"屁股指挥脑袋"。因此，优秀的企业都会在企业内部设立众多的发展平台，打破层级结构。海尔的"人人是创客"以及"人单合一"的组织管理模式、华为的"轮值CEO"组织模式、新希望六和的"划小单元"以及"四大创新平台"的设立，都是设立平台型组织的有效尝试且取得了显著的成效。

环境带给组织的挑战使得组织柔性显得极为重要。如果要获得组织柔性，就必须解决分工如何发挥协同效率的问题。管理成为科学是从泰勒的分工理论开始的，因为分工才有了提高劳动效率的途径。而管理的功效一定是解决效率问题。今天管理者遇到的挑战是：分工似乎成了阻碍效率实现的因素，在我去调研的很多企业中，这甚至是普遍的现象。解决这个难题的途径是用协同提升分工，这就要求每一个成员能够用系统思维和整体意识来对待自己的分工,用配合他人、达成整体绩效作为自己的工作准则,在组织内部有奉献,才会有价值创造。

整合优化资源是一种需要管理者真正理解并力行的思维方式。我们可以先从战略层面来看这种思维模式的重要性。下面借用谷歌创造价值的模式来进行说明,我们知道用户使用的谷歌的搜索服务是免费的,以吸引全球20亿人上网搜索。搜索服务提供者把这20亿顾客的资源卖给第三方,即所有想通过谷歌把他们的资讯传播给这20亿顾客的个人或机构,或许年收入能够达到2000亿美元。如果直接向顾客收费,不可能获得这样的结果。

华为曾经有一个大讨论,其核心思想是任正非先生提出的"炸开人才金字塔,与世界交换能量"。在这个讨论与共识之下，华为开始无限扩大外延，用华为分管人力资源高级副总裁的话说，就是"使内省领军人物辈出，外延天才思想云集"。这位副总裁分享了一个例子，意大利人雷纳托·隆巴迪（Renato Lombardi）先生是著名的微波研究专家，五年前，华为因为他把华为微波研究中心设在米兰。马丁·克里纳（Martin Creaner）先生是全球知名商业架构师，两年前，华为为了他在爱尔兰科克市一个不知名的小城市，设立了研究所。如今，这个"一个人的研究所"也有了 20 多人的专家团队。马修·雷汉尼（Mathieu Lehanneur）先生曾是卡地亚、三宅一生等品牌的设计师，现在则是华为法国蓝血研究所的首席设计师。人才在哪里，资源在哪里，华为就在哪里，这就是华为的组织管理逻辑。

自驱动的变革文化

中国领先企业如何不断在转型中崛起,同样也是我一直关注研究的主题,其中一家代表企业就是美的。2011~2012年,美的用一年半的时间做全面转型,并迅速崛起。到2015年,美的的转型取得了良好的业绩以及未来的可持续性。2015年,美的的利润已经是2011年的两倍。《财富》杂志关于方洪波的封面文章对于此次转型做过描述:

> "慢慢瓦解,顷刻崩塌。"方洪波提到了海明威的小说《太阳照常升起》里描述商人破产的句子。方洪波说,那时他听到了美的正在瓦解开裂的响声。2011年年中,美的的财务数字出现了三年以来的首次下滑。在销售规

模同比增长近六成的情况下,其利润仅仅增长了14%,除了冰箱,其他所有产品均呈利润下降的趋势。家电业此时本已经利薄如纸,面对依然在急剧扩张的生产规模,任何波动对美的都可能是致命的一击。

方洪波率先在自己掌控的上市公司美的推动变革。他要求公司高管放弃仅仅依靠扩大规模来蒙混过关的念头,把注意力放在提高质量、降低损耗上。他提出一项名为"精品工程"的战略,并严格督促执行进度,每个部门要以月为单位做汇报,方洪波进行现场打分。他在半年的时间里,将美的原有的产品型号砍掉了7000个,停滞30余个产品平台的运行,几乎将非家电业务全部关闭,聚焦于白电板块。2011年，美的员工总数接近20万人，在大约一年的时间里，共计裁员大约7万人。到2016年，美的集团进入《财富》500强榜单，位居第481位，并以222亿美元的营收跻身全球最大的家电公司之列，这也是历史上第一家进入该榜单的中国白色家电企业。

另一个例子是新希望六和，这家有着30年历史的公司，在2012年开始遭遇行业下滑后的首次业绩不增长。从2013年开始，新的董事会成员决定展开全面转型：一方面是战略转型，从一个传统的农牧企业转型成为农牧食品企业；另一方面是组织转型，从一个区域层级结构，转为基于顾客价值创造的组织形式。

2013年，新希望六和开始了企业变革之路，先从拆分青岛中心开始，然后是"产销分离"的业务重组，从人员到结构做出巨大的调整，之后到"划小经营单元"，再到激活个体等一系列变革。团队秉承新希望六和人的韧性，在低谷中奋起，饲料产销量依然保持了中国市场第一的位置，从此企业盈利能力开始大幅度攀升。新希望六和人克服组织变革带来的阵痛，超越自我，个人能力同时获得了大幅提升。我们经历了变革之痛，亦在享受变革之美，到2016年公司获得了历史上最好的业绩成果。美的和新希望六和都因主动转型，获得了美好的成效。

对于华为、TCL、海尔、联想、宝钢这样一直快速发展的企业而言，**自我改变是其持续领先的根本动因**。它们共同的特点在于能够做好五件事情，即更扎实地做事情，有强大的危机意识，能从失败中汲取价值，坚持学习与竞争，全员创新。如果想要做一家持续领先发展的企业,必须自己做出改变。这些领先企业的成功经验都非常值得我们学习。

更扎实地做事情

海尔花了10年的时间去学习如何成为基于互联网的家电制造企业,包括与阿里巴巴做电子商务,在企业内部进行全面转型。海尔直面挑战,主动转型,做事扎实,全力提升用户体验,杜绝自以为是,从正三角组织转向倒三角组织。所谓倒三角组织是指员工在最上层,而管理者在最底层,因为员工第一时间了解满足用户需求,各级领导变成员工支持者,员工需要什么,管理者就提供什么,每一个一线员工就是第一信息中心。经历了10年的转型,海尔已经是一家完全面向互联网技术的制造企业。

有强大的危机意识

华为人都是在不断的自我批判中得到提升,迅速成长的。华为以自我批判保持组织与文化的驱动力,尤其是高层管理者能够率先垂范,头脑冷静,时刻保持着足够的危机感和自知之明,不迷信自己的实力和能力;广开言路,鼓励员工自下而上地反映各种问题;不单纯依赖纵向产品,顺应产业从纵向向横向转化的趋势;不局限于高利润和模块化产品;不承认功臣,不受限于经验。自我批判的组织驱动力让华为成为领域内全球领导者。

能从失败中汲取价值

2006年,TCL出现了亏损,但它并没有因此受到打击而不作为。失败是企业开拓过程中会遇到的挑战,关键在于其是否能够正视失败,冷静地分析、反思和总结。为让失败变得更有价值,TCL做到了这一点。从2006年开始,TCL进行文化变革:"三改造,两植入,一转化"。公司上下进行文化改造,从中层开始培养精英,在企业内开展"鹰系工程";聚焦核心业务,提升核心竞争力,很快重获新生。

坚持学习与竞争

与大象共舞的联想,是坚持学习与竞争的标杆。联想走到今天,很大程度上在于它能够不断向领先的企业学习,从学惠普,到学IBM,然后学苹果。联想多元化受挫后积极进行调整,在摸索中学习国际化,组建国际化团队,虚心学习,不断摸索,快速成长,自我超越。

全员创新

面对行业危机,宝钢以自我转型实现了持续的发展。钢铁行业最近 10 年遭遇到了巨大的挑战,宝钢在此行业不景气的背景下,寻找到了自己的路径,取得了宝贵的成效。它坚持从数量发展转向内涵发展,建立全面的内部创新激励和培养机制,用创新获得发展。它鼓励全员创新,实施"金苹果"计划与"蓝领创新"工程,建立以研究院、工程项目和生产现场为核心的三位一体、协同互动的体系架构,建立职工经济技术创新小组,将创新意识渗入每个人的 DNA 中。

管理者是否能够成为变革的领导者,决定着企业是否可以获得持续成长。企业需要的真正领导者是影响力超越其权力范围的人。因此,变革可以由任何人来带领。这些能够持续成长的企业都会拥有真正有效的价值观,也就是企业文化。企业价值观让企业能够形成开放、融合的品性，同时塑造员工，使其拥有这种品性。文化与人的成长，让企业不再依赖于个人的能力，而是彼此相助，彼此分享。责任与协同成为企业的坚实基础。

符合市场与客观发展规律的企业逻辑

与大家简单分享一下，我在理解农牧行业变化时所感受到的市场客观发展规律及逻辑。通过对美国饲料企业的研究，我发现，首先，行业内的重组和整合将是未来的发展模式。其次，未来50年，随着世界人口的增长，将需要两倍于现在的食物供应，其中70%的食物必须依赖科技发展带来的效率提升。再次，美国农牧领域的企业家通过对行业发展的历史总结得出如下经验与教训：要不断进行技术创新，使食品生产透明化,将农业放在首位,并且要齐心合作。最后,关于未来的发展机会结论是:针对技术、知识转让展开全球范围内的合作;以食品供应安全为基础,从而与消费者建立信任;鼓励下一代投身于农业生产;共同解决全球温饱问题。

改革开放后,中国农牧行业经历了四个发展阶段。第一阶段是工业化,代表企业是希望集团、正虹集团,这个阶段是让养殖科学化、工业化的过程。第二阶段是产业化,代表企业是山东六和、广东温氏等,这个阶段是饲料生产规模化、产业化的过程。第三阶段是专业化,代表企业是广东海大、北京大北农、江西双胞胎等,这个阶段是饲料专业化生产与专业化服务的阶段。第四阶段是安全可视化,代表企业是正大食品、双汇食品等,此时企业向消费端转移,提供可靠性。

可以说,在改革开放后前30年中,中国农牧企业是1.0版,即"公司+农户"的模式,主要解决规模问题。到2010年,中国农牧企业进入2.0版的发展模式,我称之为"基地+终端"的模式,养殖过程可视化,终端食品可视化,为消费者提供安全、可靠的产品,解决食品安全问题。

在对农牧行业市场及发展逻辑认识、分析的基础上,新希望六和清晰地提出了转型的纲领,即"三大战略信念"。

第一大战略信念:农牧行业正在进入提供可靠性的新纪元。消费端的需求改变,导致农牧行业产业价值链的核心价值发生根本性的改变。这就要求农牧企业必须具备提供"可靠性"的能力。从"提供产品"到"提供可靠性",是这个时代农牧企业变革的本质,它将把整个行业带入一个全新的纪元。新希望六和在商业模式上转型,就是要在这个领域获得无可争议的领导者地位。

第二大战略信念:新的产业合作者正在涌现,形成新的格局。由于资本与资源的重组,大批原本与农牧不相关的人,突然成为农牧行业的重量级客户、参与者,自然使得市场格局发生新的变化。国际市场农牧企业的重新整合与分工迫使我们要尽快调整。我们的转型要致力于服务这些新的客户,与这些新的客户一起进行更大范围的合作,从而在新市场格局中占领先机。

第三大战略信念:生活方式发生重大改变,因应而改变的企业会获得新的成长。互联网技术带了颠覆性的变革,使得社会生活中的方方面面都发生着根本性的改变。这些改变将带来挑战与机遇。企业主动的自我变革会从文化、组织结构、领导力提升上做出努力,同时对自己所面临的挑战有着清晰的认识,以明确的战略和坚决的措施实施转型。

从自身的实践以及优秀企业的发展中可以看到,对于**企业是否拥有符合市场与客观发展规律的逻辑,需要从两个维度进行思考与判断:一个维度是顾客,另一个维度是技术。**

着眼于顾客是关键

真正影响企业持续成功的主要重心不是公司的战略目标,也不是发展战略和运营管理的流程,而是专注、集中于为顾客创造价值的力量。聚焦于为顾客创造价值是经营的第一个关键基本元素,正如彼得·德鲁克所说:"企业存在的唯一目的就是创造顾客。"

企业是否拥有符合市场与客观发展规律的逻辑,需要从两个维度进行思考与判断:一个维度是顾客,另一个维度是技术。

很多企业在过去的30年间，经历了巨大的变化：制造活动实施了全面质量管理，供应活动努力向即时管理方向过渡；信息技术的运用使得企业内部大量的文字工作被替代，管理人员的数量也在减少；互联网技术导致商业模式创新层出不穷，人们趋向于不断创新、迭代甚至颠覆等。但是，我最为惊讶的是在这一切努力的背后，对于顾客所做的努力并没有太大的改变，确切地说就是企业的经营没有什么改变，甚至很多时候这些创新只为创新，并没有从顾客价值层面上做出努力。

新技术的出现，特别是数字技术的出现，让很多人以为可以通过技术了解顾客，但是要知道，这些技术并不能替代企业领导人对顾客的直觉，事实也许刚好相反，是因为对顾客具有敏感性，进而才体现出了数字技术的价值。

然而令人遗憾的是，很多领导人对此并不擅长。更令人遗憾的是，那些身居高位的管理者对顾客需求的理解、对顾客体验的把握，已经相当生疏。他们只是关心公司财务业绩，关心企业自身的状态，熟悉自己过去的经验；对于了解顾客体验，以及在此基础上设计并选择可能的发展道路，几乎没有兴趣或者没有想法；很多高管几乎不知道企业的顾客是谁，几乎不到一线，而仅依赖于数据报表。大数据能帮你分析客户行为，但不能告诉你应该聚焦哪个细分市场，不能告诉你顾客的真实感受，不能告诉你应该在哪里主动出击。

在理解顾客的真实体验，寻求数字与真实之间的关联，了解企业与顾客的关联，以及最终做出判断决策等方面，还是需要依靠人的智慧。

在理解顾客的真实体验,

寻求数字与真实之间的关联,

了解企业与顾客的关联,

以及最终做出判断决策等方面,

还是需要依靠人的智慧。

如何培养对顾客的直觉判断？如何关联顾客需求？深入到一线，与顾客在一起是真正的解决之道。比如，苹果的乔布斯及亚马逊的贝佐斯对顾客需求的敏锐观察及精深把握，更是登峰造极，令人钦佩。三星的李健熙则从另一个方面让人赞叹，他要求自己和三星的管理层，都必须使用同行的产品而不是三星的产品，因为这样可以换个角度去理解顾客需求。稻盛和夫先生在带领日航恢复盈利时，采用的方式也是一样的，他选择自己去坐经济舱，一方面能够体验顾客的感受，另一方面能够亲近一线员工。正是由于他能够深入到顾客和一线员工之中，日航在他上任的当年就扭亏为盈，并取得历史上最高盈利的结果。

今天是一个剧变的时代，无论变化的是什么，政策环境、全球化冲击、社会潮流还是技术革新,不变的关键永远在于捕捉顾客痛点、解决顾客问题、为顾客创造价值。

关注技术变化是核心

有一组数字让我很受触动,2018年,阿里巴巴7.3万名员工创造了2502.66亿元人民币的收入,人均产能340多万元,这意味着什么?意味着互联技术带来的价值是一个你不得不关注的话题。

WhatsApp是数字化企业的一个典型代表。该公司于2014年2月被Facebook以19亿美元的天价收购,其独特价值就在于既可以保护用户隐私,又能实现即时信息通信。数字化企业的最大特点就是能快速扩大规模,这不仅是因为投资者对它们趋之若鹜,更是因为它们自身在成本结构及资金投入方面的巨大优势。当WhatsApp被收购时,员工总数还不到50人。

对于传统企业而言，完成数字化改造并从中获益是一件非常困难的事。这些企业通常都有成千上万名员工，在厂房及设备等固定资产方面投资巨大，也会进行技术投资，但其目的主要是更换现有设备或提高其使用效率，而非进行数字化改造。

正如通用电气电力及水处理集团总裁史蒂夫·伯茨所说的那样："当今时代，所有企业领导人都必须对大数据有所了解，不仅要知道它是怎么回事，而且要懂得如何加以利用。每个人都必须从头开始，重新学习。"这也是给中国传统制造企业管理者的建议，不管是否有资本投入，数字化改造都需要从头开始，重新学习。

管理不确定性的能力

应对不确定性，并把不确定性转化为机

会，需要管理者做到以下三个方面。

识别不确定性

拉姆·查兰在《求胜于未知》一书中界定了不同类型的不确定性。他把不确定性分为以下两种：第一种叫经营性不确定性，在一定程度上存在于预知范围之内，并且并不对原本的格局产生根本性影响。经营性不确定性不会改变大的格局，但是它会影响企业的盈亏。第二种叫结构性不确定性，它会改变产业格局，带来根本性影响。因此，识别结构性不确定性才是关键。

坦白来讲，大家对经营性不确定性多少会敏感一点，因为人们对盈亏很敏感，但是对结构性不确定性很多人并不敏感。值得注意的是，今天，企业所面临的正是结构性不确定性。

大家对经营性不确定性多少会敏感一点，

因为人们对盈亏很敏感，

但是对结构性不确定性很多人并不敏感。

值得注意的是，

今天，

企业所面临的正是结构性不确定性。

这种极具颠覆性的结构性不确定性是全球性的，而且会像原子裂变般势不可挡。由于有了低成本的互联网及无线通信，从理论上说，全球 70 亿人口中的每个人都可能成为变革的始创者，也都能感受到时代带来的改变。来自印度贾巴尔普尔县的 17 岁少年阿莫尔·巴韦，就是这样的幸运儿。他是麻省理工学院与哈佛大学联合资助的在线教育平台上的学习者。全球有 80 万人学习 edX 的在线课程，当然阿莫尔也是其中之一。2013 年 3 月，阿莫尔收到了麻省理工学院的录取通知书，因为他在电子电路课程中成绩优异，排名前 3%。他在接受《金融时报》采访时说："我从没想过会有一天能离开家乡。在线教育开启了我新的人生，让我有机会进入像麻省理工学院这样的世界一流学府深造。"

阿里巴巴识别了结构性不确定性，最快意

识到消费会从线下移到线上。当线上消费人群更快速地增长时,阿里巴巴就得到了大机会。蚂蚁金服估值为什么会比现有的银行估值还要高?原因就在于它所拥有的消费人群,有可能把银行金融服务的逻辑给颠覆了。换句话说,蚂蚁金服提供的增值服务,可能是未来银行要调整的服务方向。一个可见的人群、符合市场规律的商业模型,再加上企业有自我革命的文化根基,这种估值一定会被明晰的。

通常当结构性不确定性初现端倪时,很多人会将之误判为这只是对现有业务的挑战,甚至会单纯地认为,是销售队伍或者一线员工不努力造成的结果。比如,面对连续业绩下滑的情形,企业领导人很可能将其归咎于团队执行不到位或者竞争对手太强劲,很容易忽略了另外一种可能,即这是整个行业及相关生态体系正在发生结构性变化的前兆。

在这样的情形下,管理层最应该想到的是:也许顾客需求已经变了,结构性不确定性已经出现了。如果想要识别不确定性,管理者一定要对变化敏感。

与不确定性共处

事实上,绝大部分人是无法找到结构性不确定性的。对于大多数管理者而言,与不确定性共处是首先需要拥有的能力。怎么拥有与不确定性共处的能力?管理者需要做出以下四个方面的努力。

第一,改变自己。这不是讲口号,而必须是真实的行动。改变自己最需要做的一件事情是什么呢?就是在内部进行自我革命,这个是最重要的。比如管理者常常在企业内部提出"改变自己"的理念,但是当调整一个组织成员的分工时，大家都会紧张；管理者一直说"改变自己"，可是原有的任何结构都不愿意动。2016年华为的销售收入达到5200多亿元，并设定了一个3年达到1000亿美元的目标。华为能够做到这一点，缘于它所倡导的"自我批判"的文化，即要不断超越自己。这家公司一直用极强的"危机意识"推动自己成长。

第二，双业务模式。企业需要驾驭双业务模式，即现有主营业务与新的业务。应对不确定性需要有新业务，所以大部分企业需要转型。有人问我，怎么能够保证转型成功，或者怎么能够保证投资人会持续支持做转型？我认为只能用两个保证：**第一，现有主营业务不能因为转型出现下滑；第二，必须全力以赴保证新业务成功。**企业一定要有能力做双业务模式，不能用转型做借口，不能因为转型要亏损

第一,

现有主营业务不能因为转型出现下滑;

第二,

必须全力以赴保证新业务成功。

一段时间就拒绝转型,这个理由不成立,因为资本和市场都不会给你这个机会。管理者必须成为驾驭双业务组织的高手,必须能够驾驭长期发展与短期目标之间的动态互动。

第三,打破平衡。打破平衡同样从内部开始,其核心是不要担心"出现问题",不要怕"出现冲突",有问题就有可能有机会,有冲突就有可能有创新。所有"变"的发生,都可能是一个机会,所以不要怕变化,变化中才会有机会。更重要的是,通过打破平衡,让更多人脱颖而出,发现新人才,进而带来更大创新的可能。企业管理者需要不断打破内部的平衡,不断挑战企业的高度和界限,让企业处在自我改变和动态之中。

第四,顾客体验。让企业面对不确定性的核心关键是与顾客在一起。保有对顾客体验的忠诚，能够以顾客体验作为评价标准的企业，才会是一家可持续的企业。

有定力

不确定性对每个人都是一种考验，这需要内心的定力。无论采用什么方式和途径，获得内心的定力的确是非常重要的，因为这直接影响到组织能否管理不确定性。定力来源于四种最重要的心态，它们分别是：积极的心态、归零的心态、开放的心态以及确信的心态。

积极的心态

山东六和集团创始人张唐芝先生说过一句很好的话："凡事往好处想，往好处做，必有好结果。"这句话给了我很大的帮助，也让我借此可以积极去面对很多挑战和压力。很多时候人们没有解决问题，或者出现很多冲突，其根本原因可能是把事情想复杂了,甚至把人想坏了。但是如果持有"凡事往好处想,往好处做"的心态,这一切都可以转化。我自己的感受是,对任何要做的事情,单纯去做,结果自然而成。

在不确定的环境下,对模糊性和风险的承受能力是关键,同时控制风险也是一个基本的要求。所以 Facebook 的创始人说:"最大的风险是你根本不去冒险。"是的,这种积极的心态是极为关键的,如果没有积极的心态,很难迎接不确定性。

归零的心态

归零的心态可以帮助人们面向未来。要学会归零,因为纠结于过去,对于将要发生的事情而言,是没有意义的。每一个未来都需要面对新的挑战，需要新的成功来佐证；每一个未来都会产生新的问题，需要新的解决方案。就我们所学的知识而言，我希望能够运用它们去看未来，而不是用以总结过去。

比如，和 EMBA 的学生交流，有些学生学完了课程之后，发现自己很多东西都不懂，这是真学到了。有些学生发现原来老师讲的东西自己都做过，这些同学令人担心，因为他只是在验证自己已经成功的东西。最怕的是第三种情况，学完了之后才发现原来老师讲的都没用，还是自己最厉害。后两种情形，都说明学生没有进行心态归零。第三种学生不仅没有归零的心态，连学习的心态也没有。这里有一个道理大家要懂：如果我们学的知识都只是为了证明过去的话，这些知识确实没用。要知道，心态归零不仅仅是一种训练，也应该成为一种习惯。

开放的心态

你一定要打开自己,真正、彻底地打开。"打开"这个词是非常有意思的,它是要由内向外推开,不是拉开,因为拉开是从外往里。只有打开才能包容、接纳,才能真正理解这个变化。包容、接纳也是对自己的要求,包容自己,接纳自己,这样才可以在遇到挑战和冲击的时候,不至于为了保护自己而抵触。所以,具有开放心态的人,才能够包容变化,接纳所有,也因此可以获得成长。

确信的心态

确信的心态很重要,因为这也是一种信仰的力量。在中国文化中,有一个很有意思的现象,那就是很难建立陌生人的信任。如果无法建立陌生人的信任,更大范围的合作也就无从谈起。很多人之所以认为关系很重要，不是大家想拉关系，很大的原因是不能信任陌生人，必须借助于各种关系来辅助以建立信任。之所以无法建立对陌生人的信任，是因为缺少确信的心态。

在我自己的成长过程中，有三点极为重要：一是相信梦想与目标的牵引力量，这份力量不受环境变化的影响；二是相信伙伴的团队力量，尤其是要相信自己的上司，这份力量能够集结而成，并陪伴你一直前行，冲破阻碍；三是相信自己的力量，这份力量有着无限的可能，你的能力超乎你的想象。这三点要同时存在，要相信目标、相信团队和上司、相信你自己，拥有这份确信的心态，会带给你无限的可能。我特别喜欢泰戈尔对于爱情的一句话："因为相信，所以看见。"

管理不确定性需要管理者学会识别不确定性，尤其要关注结构性不确定性。管理者需要学会与不确定性共处，把不确定性转化为成长的机会，而不是成长的障碍。要做到以上两点，其根本要求是管理者需要有定力，要开放而积极地去拥抱不确定性，要用未知来认知未来，要相信集体智慧，超越自己，即可达成目标。

第 4 章
激活个体与组织赋能

组织管理在激活个体的基础上,还需要具有驾驭不确定性的能力,这就需要回答如何构建管理新范式中"价值共享系统"的问题,需要从**管理运行的逻辑、分工法则、协作体系、柔性化程度**几个方面做出根本性的改变,其核心是组织转换自己的管理功能,从管控转向赋能。因此,**激活组织,打造价值共享系统,为个体赋能**,成为组织管理的新内涵。

效率来自协同而非分工

自从泰勒的《科学管理原理》面世,管理成为科学并被广泛运用到企业及各个领域,由此而演变发展的组织管理理论,也沿着分工这条脉络延展开来。为了不断获得更高的管理效率,分工的效能也被不断强化,用分工所获得的相对稳定的责任体系进而又推进了绩效的获得,分工成为主要的组织管理方法。

但是,互联网技术的出现打破了"稳态",企业已经不能够仅从行业或者企业自身的视角来理解环境,需要一个更加广泛的视野、更加互动的关联以及更加开放的格局,这更类似于一个"生态系统"的逻辑。我们会看到一种与之前完全不一样的情形出现,那就是管理的效率不仅来自分工，更来自生态系统中的协同，因而要求组织具备一些新能力："强链接"能力、构建柔性价值网能力以及形成共生逻辑能力。

组织的"强链接"

组织生存在一个无限"链接"的空间中，企业内部必须是开放的、社区化的组织形态，而在企业外部则表现为以顾客为核心的相互链接的价值共同体，其基本特性是：企业内部多元分工，顾客与企业之间多向互动；在价值网里，每一家企业的角色都随着消费需求而变，并在不同的价值网里扮演多样化的角色；在价值网里，各角色之间是"超链接"和松散耦合的关系，已经不再是管控与命令式的关系。

人们不再满足于获得产品，不再满足于原有的供应链模式，相反，人们需要介入到产品设计、生产甚至交付的全过程中，以销定产，C2B 模式会成为满足人们需求的一种趋势；产业价值链的模式，也会从线性、固化的供应链，向柔性的协同价值共同体不断演化，这一切都要求组织具有一种新的适应能力——"强链接"能力。

在淘宝、苹果 AppStore、Facebook 社交网络等云平台上，消费者已经是积极能动、有能力、有判断、有选择的"链接"价值共创者，他们的需求不断地被激发出来，他们的参与能力也不断地被释放出来。面对这样的消费群体，企业需要足够的"强链接"能力，方可与其共处。

柔性价值网

一直以来,如何提高供应效率,如何让供应者与消费者之间形成契合,真正发挥供应链的价值并让消费者感知到,是工业时代最具挑战性的一个话题。在对中国领先企业进行长达20年的研究过程中,我发现协同供应以快速响应市场和顾客,是一家企业保持领先的根本能力之一。

最近几年来,供应链管理让位于价值网协同的共识,促使人们寻找实现这一共识的途径。云计算和大数据的出现,让这一共识有了实现的可能。新希望六和基于互联网技术搭建的"猪福达"平台,吸引了超过40万个养殖户,这使得每一个养殖户与消费者、新希望六和之间达成高效的价值网络,从而保证养殖过程可控,并与行业、市场做出有效的互动,进而提高养殖户的价值回报。

不久的将来,单向、僵化的供应链,将不再是企业间主要的发展模式,而灵活动态的价值网络协同模式将变得越来越普遍并产生良好的成效。这有点像体育运动队的模式,为了迎战奥运会,组建国家队参赛,围绕着这一目标,聚集最好的选手、教练、队医、设备及其他必要的构成要素。一个强大的国家队,一定是各种强大要素的组合,进而形成一个强大的价值网络,以确保在奥运赛上取得成功。奥运会结束后,比赛队伍将解散。

按照这个模式,企业完全可以以消费者为中心,快速组合有效的价值协同者,让不同要素在一个共同目标下工作,并完成这一目标。一旦消费者的新需求出现,同样可以围绕这一新需求，构建一个新价值网，由新价值协同者提供新价值，这就是构建柔性价值网。

共生逻辑

企业需要拥有一种能力，连接上下游的合作伙伴，连接相关产业的合作伙伴，还需要和其他产业、资本、顾客组合在一个共同生长的网络中，这由"共生逻辑"统和而成。微信是一个好的例子，它所构建的共生逻辑，连接了相关与不相关的合作伙伴，连接了一个又一个个体，让全新的生活以及共生的意义被创造出来。

商业模式创新已经是今天企业应对变化的基本选择，而创新商业模式的核心是构建共生逻辑，以达成价值共生，共同生长。所以，无论企业目前处在什么阶段、什么位置，形成共生逻辑都是一个必要的选择。共生逻辑与价值链（产业链）之间的根本区别是，前者注重共同成长设计，后者注重价值分配。在一个重新定义价值的环境下，分配价值的可能性将变得越来越低；只有成长才会创造价值，也才有可能带来价值共享。

伊丽莎白·拉威尔在其《利用群体智慧》一文中说："无论公司是否喜欢这一点，它们都是一个生态系统的一部分。除非公司承认自己与其他'物种'——包括顾客、供应商、合作伙伴、NGO、创业公司、大学以及学术机构——是互相依存的，否则将越来越难以存活。"有人问我，什么样的企业在今天以及今后可以存续下去，我的回答是：把合作能力整合到管理之中的企业。

"什么样的企业在今天以及今后可以存续下去?"

我的回答是:

"把合作能力整合到管理之中的企业。"

激励价值创造而非考核绩效

我在 2016 年 12 月 29 日与华为创始人任正非有过一次交流对话,这段内容也引发了广泛的关注,交流从姚老师谈他一个朋友新进入开始。姚老师的这位朋友是一位技术专家,他觉得最开心的是,华为对他没有进行硬性的考核,而是让他安心研究。姚老师关注地问道:这样的管理方式,是否会得不到研发结果?

做出来的是天才,做不出来的是人才

任正非说,在华为,研发创新做出来的是天才,做不出来的是人才。华为的容错率是很高的,它在研究上允许大家犯错误,给予研究人员时间和空间安心去做。因为能够成功的项目非常少,所以做出来的就是天才。而项目失败的研究人员,经历过失败,知道失败的滋

味,同时努力过、奋斗过,所以一定可以更好地总结过去,不重复犯错误,继续前进,这正是公司所要得到的人才。

如果宽容失败,是否在创新上的尝试太过发散呢?任先生回答说不会。华为是一家有战略耐心的公司,所有的创新和尝试,都是在主航道上做出的选择,由战略做出界定。所有创新项目的选择,已经通过战略做出筛选。任先生将张开的双手慢慢收拢,"做一个形象的比喻就是把所有的信息广泛纳入到战略框架下,然后筛选出与战略相适应的项目。这些筛选出来的项目才会进入公司创新项目集群中,组合各种资源付诸实施。"

这个过程可以用两组数据来说明。据了解,华为2016年研发投入120亿美元,其中30亿美元用于研究创新,涉及2万人,这是一个金钱变知识的过程,即把广泛的信息最终变成与华为公司战略相匹配的知识。其中用于确定性开发90亿美元,涉及6万人,这是一个知识变金钱的过程,即把与战略相关的知识转化为华为的技术与产品,让华为具有持续的市场竞争力和战略上的领先能力。

华为认为,做产品不能投机,必须目光长远,投资一些不能立竿见影的项目,但是也不能漫无目的地投资。例如,华为在2008年就决定投资做一枚芯片(通过华为资料了解到),当时一位高管对团队说:"可能在我的任期内,大家是见不着这枚芯片上市了,但是为了长期竞争力还是要投资。果真,到了2011年年底这枚芯片才研发出来。"

很多企业无法解决短期与长期发展的平衡问题,任正非的"金钱变知识,知识变金钱"

的逻辑，可以给大家更好的启发。发展企业一定要有战略耐心，拒绝机会主义，一定要有长期的投入，不要只关注眼前的竞争。要做到这一点，则需要企业内部形成一种战略共识、长期观念以及价值创造的逻辑。

人人都是自己的 CEO

"有尊严地放手吧！"这是《失控》这本书给予我最大帮助的一句话。很多时候，我们无法放弃过去的经验和认知，总是认为已经具有的能力是一种核心能力，这本书无疑从一个全新的角度，让我们好好地认知自己与改变的环境。这本约 20 年前出版的书，在今天互联网行业中得到了出人意料的热烈响应，很大程度上是因为这本书给出了一种暗示：不必困惑于互联网带来的复杂格局，自然界的很多生态系统同样没有自上而下的管理体系，同样可以实现秩序。

生物学对"共生"的概念是这样描述的：共生是生物在长期进化过程中，逐渐与其他生物走向联合，共同适应复杂多变环境的一种生物与生物之间的相互关系。它不是共生单元之间的相互排斥，而是相互激励中共同合作进化。这种合作进化不仅可能产生新的单元形态，而且可能产生共生能量和新的物质结构，表现为共生个体或共生组织的生存能力和增值能力的提高，体现共生关系的协同作用和创新活动。

日本的稻盛和夫运用阿米巴经营模式，创造了经营上的神话；美国全食超市的发展也给出例证；中国海尔"人人是创客"的组织变革实践，把6万多名员工转变为自动自发的2000多个自主经营体，并使每一个经营体就像一家自主经营的公司,让每个人变成自己的CEO。这些领先企业的实践表明,今天企业的发展需要遵循"共生"的逻辑,而其带来的核心变化,就是独立个体的价值创造。

价值创造在组织管理中是根本性的追求。在大部分的组织管理中,人们之所以关注绩效考核,是缘于把绩效考核等同于价值创造。在无法界定个人价值或者组织价值大于个人价值时,绩效考核无疑是一种有效的管理方式。但是同样需要关注的是,绩效并不等同于价值创造,有时候,绩效考核恰恰是扼杀价值创造的手段。当人们习惯于绩效考核时,往往会满足于静态的工作,满足于完成指标,不会主动与顾客关联,这使得注意力转向了内部而不是外部;更可怕的是,绩效考核会使员工养成满足现状的习惯,没有创新和冒险精神,不愿意做出超值贡献,形成一种非增长型的组织思维惯性。也许是在这个意义上,一些企业提出去KPI,是有道理的。记住,重要的不是绩效考核,重要的是价值创造。

新文化

自从文化被发现对各种组织的过程能产生影响这一事实之后,管理者很想知道文化在何种条件下可以成为持续竞争优势的一个来源。巴尼认为让组织文化提供持续的竞争优势,需要满足三个条件:

第一,文化必须有价值,其必须能够使一家企业所做的事情带来高的销售收入、低成本以及高的边际收益,或者让企业以其他方式增加财务价值。

第二,文化必须是稀有的,其必须有与其

他大多数组织不同的特点。

第三，文化还必须是难以模仿的，没有这种文化的企业无法进行那些可以改变其文化并使其生发出该文化的活动，如果它们试图模仿这些文化，相对它们试图模仿的企业而言，将会有许多不利（声誉、经历等）。

企业文化的本质是行为习惯而非概念，当文化从理念转化为行动时，文化才能奏效。

作为文化的核心，价值观应当满足上述所有要求并成为一种核心竞争力。但是，价值观是否能够产生绩效不仅取决于价值观本身，更取决于价值观的管理。事实上，是价值观的管理而不是价值观本身令竞争对手难以模仿，且其构成了组织真正的竞争优势。这个逻辑正如一句格言所说的：每个人都知道成功的方法，但只有少数人能真正去做。

企业文化的本质是行为习惯而非概念,

当文化从理念转化为行动时,

文化才能奏效。

价值观驱动

在持续研究中国领先企业的过程中,有两家用价值观驱动的企业让我印象深刻:一家是阿里巴巴,另一家是华为。

闻味官

阿里巴巴从 2003 年开始采用了一种新的方法来进行价值观管理,即价值观考核。它与那些仅仅聚焦于关键业绩指标的一般公司的考核体制非常不同。两个基本的考核维度将图 4-1 分成了四个象限:一个维度是传统的业绩因素,另一个维度是创新的价值观因素。

图 4-1 阿里巴巴考核体系模型

一个有高业绩的人在一般的企业里会有很好的评价，但是，在阿里巴巴还不够，如果其价值观得分是低的，则他不会是一个能够胜任工作的人，从而会落在第一象限，这类员工被比喻为"野狗"。相反，有的人可能在价值观上获得高分，但如果不能取得高的业绩也不合格，会被称作"小白兔"，落在第三象限中。只有第二象限的员工是被鼓励的，被称作"阿里人"，其价值观得分和业绩都很高。落在第一象限和第三象限的人应当自我调整以成为"阿里人"。当然，没有公司会要第四象限中的价值观和业绩都低的人。

阿里巴巴的价值观考核方法被称作"六脉神剑"，由分别包含五个项目的六大方面构成。考核的方法是"通关制"，对于每一个由五个项目构成的方面，如果一个人的第一个项目没有做到，那么即便他的其他项目都做到了，也没有任何作用。

闻味官是阿里巴巴的创新设计，用来考察求职者的价值观并选择与阿里巴巴价值观相匹配的新员工。

例如，阿里巴巴是一家非常强调梦想和使命的公司，因此，当面试人员不厌其烦地告诉求职者阿里巴巴的价值观时，闻味官会观察求职者的表情、态度以及行为，那些表现出较低的兴趣并且聚焦于工作收入的求职者将毫无疑问地被淘汰。此外，阿里巴巴也是一家鼓励合作的公司，并且是一家将组织目标看得比个人利益更加重要的公司，因此，闻味官可能去"闻"求职者的自我感觉。很多求职者会因为太以自我为中心而不能被选中，而有些求职者声称他们非常热爱阿里巴巴，但他们无法具体说出热爱哪一方面,这些人也同样会被淘汰,因为他们不诚信,这与阿里巴巴的核心价值观是相违背的。总之,不论求职者是否有很强的能力,在招聘过程中闻味官拥有一票否决权。闻味官的面试已经成为阿里巴巴价值观考核的重要方面。

马云欣赏中国的太极哲学,其由阴阳两面构成,阿里巴巴的选拔和考核机制的原理正是基于这种哲学,如同马云所讲的,价值观的功能就像道德相对于法律的作用一样。

危机意识

不安全感,是一种意识,更是大公司领导者积聚能量的内心动力——危机感常在,最终会让公司这个机体保持对外刺激的敏感性,保持一种警惕和临界状态,然后才有可能保持人们常常寄望于大公司所应该具有的"活力"。

"华为没有成功,只是在成长",这是任正非对华为发展的自我评估。你很难从任何一个角度看到任正非充满信心的一面,他认为,无论发展怎样,至少有三个问题是始终不能回避的:

第一,不能相信自己无所不能。即使华为在集聚人才、资本、技术,但是是否可以持续掌控行业发展的脉络,是否能维持强大的盈利能力,都不可预见。

第二,市场只靠纵向产品是不够的。整体通信领域一直遵循着纵向产业模式向横向转换的趋势,也就是说只提供纵向产业模式中的产品已经不能获取更多的市场,只有扩大该产品的横向市场能力才能继续创造新的利润体系,华为手机、华为体验店都是华为转型和创新阶段的举措。

第三,高利润和模块化产品可能带来困境。在通信制造业领域里,一个足够长的产品线中往往潜伏着无数的敌人和对手,创新规则、行业变迁、竞争重点随时都可能让利润点转移,华为是否做了足够的准备?

任正非说:"10年来,我天天思考的都是失败,对成功视而不见,也没有什么荣誉感、自豪感,有的只是危机感。也许是这样,华为才存活了10年。我们大家一起来想怎样才能活下去,也许才能存活得久一些。失败这一天是一定会到来的,大家要准备迎接,这是我从不动摇的看法,这是历史规律。"

任正非是一个敢于自我否定并把自我否定作为一种领导者关键气质的人。

:: 2001年是华为飞速发展的一年,外界称那段时期是华为的春天。但在春天里,他在内部会议上提出华为要为过冬做准备,这曾被 IT 企业称为行业的盛世危言。也正是在他的倡导下,华为人始终没有放松学习。

:: 2010 年,当华为已经成为全球通信行业的领先者时,他又提醒华为管理者"让听到炮火的人做出决策",全力打造企业的管理转型。

:: 2012 年新年时,他再一次创造性地设计了"轮值 CEO 制",带领这家已经站在行业高端的企业进行全面的组织转型。

面对跨国公司,任正非并没有将它们看成简单而可怕的竞争对手,认为它们是老师,也是榜样:"它们让我们在自己的家门口遇到了国际竞争对手,知道了什么才是世界先进。它们的营销方法、职业修养、商业道德,都给了我们启发。我们是在竞争中学会了竞争的规则，在竞争中学会了如何赢得竞争。科学的入口也是地狱的入口，进去的人才能真正体会到。基础研究的痛苦是成功了没人理解，甚至被曲解、被误解。像'穷死'的凡·高一样，死后，他的一幅画能卖到几千万美元。当我看到贝尔实验室密如蛛网，不由得对这些勇士肃然起敬。华为不知是否会产生这样的勇士。我们常常说到安全感对于每个人来说有多重要，但对于一家大公司来说，最好的状态可能恰恰相反，没有安全感才是内心得以自我强大的好事。"

无论是阿里巴巴，还是华为，这两家企业都非常注重组织成员价值观上的共识，并不断用价值观驱动组织的成长，尤其是组织成员的成长。

全球思维

企业如何去寻找成长空间,是每个经营者都必须清楚的问题,答案似乎是不言而喻的:企业应该在产业机会和市场机会的生长演变中寻找成长空间。

德鲁克关于企业成长有一种说法:一个组织只能在其价值观内成长,企业的成长受它所能达到的价值观的限制。所以,企业新文化的基本特征是企业要具备全球思维的能力。全球思维的能力包括四个方面的内涵。

全球思维之系统性

企业战略的制定需要综合分析企业内外部环境,把企业放到历史和现实的时空中进行综合考虑,需要企业的资源、能力、专长与外部环境相互匹配。同时,为了实现企业战略,企业对内部资源以及专长与非专长的配置也应当从总体上考虑，注重总体最优。

系统思维还表明，企业发展是一个动态、不断发展的过程：一方面，企业战略内涵需要不断深化、丰富；另一方面，战略视野需要不断拓宽，唯有把自己放在全球时空之中的企业，才有机会找到自己的位置，才能不断贡献价值，进而得到发展的机会。

全球思维之创造性

德鲁克在其著作《创新与企业家精神》一书中，如此阐述他对于创新的认识："创新"是一个经济或者社会术语，而非科技术语。

我们可以用萨伊定义企业家精神的方式来对创新下一个定义，即创新就是改变资源的产出。或者，我们可以按照现代经济学家的习惯，用需求术语而非供给术语对它加以定义，即创新就是通过改变产品和服务,为客户提供价值与满意度。

德鲁克认为,成功的企业家不会坐等"缪斯垂青"并赐予他们一个"好主意";相反,他们努力实干。总而言之,他们不求惊天动地,诸如,他们的创新将掀起一场产业革命或者创造一笔"亿万资产的生意",或一夜之间成为巨富。有这种夸张而空泛、急于求成想法的企业家几乎注定要失败,他们几乎注定会干错事、走错路。一个看似伟大的创新,结果可能除了技术精湛以外什么也不是,而一个普通的创新,例如麦当劳所做的创新活动,反而演变成惊人且获利颇丰的事业。

对于企业家而言,一项重要的挑战就是如何把稀缺的资源应用到那些真正符合企业长期战略目标的方面。

全球思维之打破边界

通常来讲,企业外部边界是企业与供应商、顾客、政府管理机构及社区等外部环境的隔膜,这些隔膜在传统组织中往往泾渭分明,使得一些组织与外部环境之间形成一种内外有别的关系。

企业借助隔膜最大限度地保护自己,讨价还价、施加压力、隐瞒信息、互相厮杀等成了必不可少的手段。泾渭分明、消极防御的外部边界造成了企业的高交易成本,阻碍了企业自身的发展。

根据热力学第一定律,孤立、封闭的系统,最后都要趋于热平衡,迟早会"死亡",而耗散结构理论解释,系统在与外界环境交换的过程中可以保持"活的"结构。

企业持续存在必须具备的前提条件是:充

分开放，与外界充分交流能量、物质和信息，因而今天企业边界是有机的、活性的，除隔绝有害的成分以外，它必须是开放的、可穿透的。

全球思维之价值追求

施乐公司的前身哈罗伊德公司创造了一种全新的方式，获得了新成长机会。由于购买一台复印机需要4000美元，很多企业无法为此做出投入，此时哈罗伊德公司决定不直接销售复印机，而销售复印机所产生出来的复印件；每一张复印件只需要5～10美分，5～10美分复印费属于办公的"小额备用金"，秘书可以自行支配而无须申请，就是这个商业模式帮助哈罗伊德公司获得了新成长契机。这种对顾客价值的明确理解，并创造性地予以实现正是全球思维的内涵。

引用德鲁克的一句话:"所谓创新,就是市场或社会的一项变化。它能为用户带来更大的收益,为社会带来更强的财富创造能力,以及更高的价值和更强烈的满足感。检验创新的标准永远是:它为用户做了什么。"

理念与习惯

经济发展是一个文化过程,短期的经济行为可以用经济逻辑来解释。长期的经济行为,一定会用文化逻辑来解释。一个人、一家企业也是如此,这也是需要特别关注理念的缘由。

文化决定思维方式,思维方式决定人们的行为选择。以食品为例,誉满美国的首席名厨朱莉娅·查尔德因为早期不满美国人的饮食毫无文化可言,于是推行讲究的法式烹饪而深得

检验创新的标准永远是:

它为用户做了什么。

民心；想不到美国快餐在20世纪80年代来到中国时，却成为一股潮流，很多中小学生都喜欢麦当劳和肯德基。

为什么这一代年轻人这样喜欢美国的快餐食品？这和他们的思维方式有很大的关系，孩子接受的是"快速"和"便捷"的理念，他们的行为选择以是否符合这些理念为基准，他们不再细嚼慢咽，不再喜欢中餐的搭配和讲究，反而喜欢这些新潮的"快餐"。在他们看来，这一切都是全新的，是对过去的一种全新的变革，这正是他们所追求的。

企业文化学的奠基人劳伦斯·米勒预言："最终的竞争优势在于一家企业的学习能力以及将其迅速转化为行动的能力。"当企业拥有这样的能力时，意味着企业拥有拥抱未来的能力。我在《从理念到行为习惯》一书中阐述过新理念的四个核心内容：归零超越、开放学习、尊重价值、拥抱未来，这四个核心内容是新理念的具体体现，企业需要开启全新理念来应对变化的环境，以此理念来锻造员工的行为习惯。唯有这样，企业才有机会接受未来的挑战，并具有面对未来的能力。

随着互联网技术的推进，在理念和习惯上的调整会显现得更加突出，环境需要有一种全新的价值取向——"试错，纠正，迭代"，一种更加包容创新的价值观，这是对每一个组织及组织管理者的挑战。如果不能拥有包容的理念与习惯，在一个需要用创造与快速变化来应对不确定性的时代，就意味着落后。

第 5 章
激活组织的七项工作

通过 20 多年来对组织行为学的教学和研究，我深刻地感受到，让组织运作更有效是组织行为学潜在或明显的目标，组织有效性是组织行为学研究最终的"因变量"。

关于组织的有效性，总是让我对组织的能效有着敬畏之心，在组织与个体之间的价值互动之中，一方面承认个体价值崛起，个体更加自主与自由；另一方面也更深地理解到个体需要在一个组织平台上工作，否则个体价值无法

得到真正释放。组织有效性的四个观点会给大家理解这一点带来帮助。

组织有效性之开放系统观点

组织有效性的开放系统观点是思考组织最早和最为基础的理论,其他有关组织绩效的主要观点都是在此理论基础上的拓展。开放性系统观点把组织当作生存在外部环境之下的一个复杂有机体。作为开放系统,组织依赖外部环境获取资源,包括原材料、劳动力、资金、设备和信息等,还包括了规则和社会期望,如法律、文化等,这些都决定了组织应该如何运作。一些环境资源(例如,原材料)转化为产出并被输送到外部环境中,而其他资源(例如,劳动力与设备)则在转化过程中成为组织的子系统。组织中有众多的子系统,诸如部门、团队、非正式组织、工作流程等均作为组织中的子系统而存在。

开放系统观点主要包括两个核心内容：**第一，组织—环境**。根据开放系统的观点，当组织能够很好地适应外部环境时，组织是有效的。**第二，组织效率**。内部运营的最常见指标是组织效率，即投入产出比。成功的组织不仅需要高效的转化过程，而且需要更多的具有适应性与创新性的转化过程。

组织有效性之组织学习观点

组织学习的一个出发点是，组织有效性依赖于组织获取、分享、使用、存储宝贵知识的能力。它包括两个主要的部分。

第一部分是智力资本。组织学习观点将知识作为一种资源，这种知识资源以三种方式存在，统称为智力资本（intellectual capital）。这三种存在的方式分别是：

:: 人力资本（human capital）——员工的知识、技能和能力，被认为是具有价值的、稀缺的、难以模仿的并且不可替代。
:: 结构资本（structural capital）——组织系统和结构中获得并保留下来的知识，例如有关工序的文档和生产线的布局图等。
:: 关系资本（relationship capital）——组织的商誉、品牌形象，以及组织成员与组织以外的人员之间的关系。

第二部分是组织学习与反学习。组织学习过程包括知识获取、知识分享、知识运用及知识存储。为了维持智力资本，组织需要留住知识型员工，并将知识系统地传递给其他员工，最后将知识转化为结构资本。组织学习观点不仅指出高效的组织需要学习，而且指出组织必须抛弃一些不合时宜的行为惯例和模式。组织反学习使得组织能够删除无附加价值的、可能降低组织效率的知识，包括调整功能失调的政策、程序或者改变态度等。

组织有效性之高绩效工作实践观点

和组织学习观点相似，高绩效工作实践的基本观点是人力资本，即员工拥有的能力是组织竞争优势的一个重要来源。高绩效工作实践观点最显著的特征是，它试图确定系统和结构中一系列具体的子系统，而这些子系统能够从人力资本中产生最大的价值。研究者已经证实了四种有助于提高绩效的工作实践：员工参与、工作自治、绩效奖励和员工能力开发。

组织有效性之利益相关者观点

当组织考虑到影响组织目标和行动，或者被组织目标和行动影响的个体、团队或其他实体的需求时，它就会变得更加有效。利益相关者观点的一个最大的好处就在于：它思考组织有效性时，考虑了价值观、伦理和企业社会责任。

从组织有效性的四个观点出发，结合企业实践和优秀企业案例研究，在我看来，**能够让个体价值最大化的组织管理，需要做出很多根本性的改变，其中最重要的是以下七个方面的改变：结构、文化、激励、工作习惯、绩效检验、价值共同体以及领导者角色。**这些改变是激活组织的核心工作，我将其定义为激活组织的七项工作。

第一项:打破内部平衡

传统组织结构经历了直线制、职能制、直线职能制、事业部制、矩阵制等多种不同的形式,但它们都是由按职能划分的不同部门所组成的垂直型组织结构形式。这是因为这些组织结构都是以工业经济为前提而设计的,是工业经济特有属性的体现。以分工为基础,职责清晰,角色明确是传统结构的核心特点,也是因为这个特点,导致今天必须打破平衡,从分工转向协同,从固化角色转向模糊边界,从控制成本转向协同效率,以使个体得到更加自主创造的空间。打破平衡需要做以下三件事情:消除结构障碍、划小单元、无固定领导权威。

消除结构障碍

传统组织结构的弊端在互联网时代暴露了

出来：一是严格的层级制度降低了工作效率；二是部门之间难以协作；三是知识型员工自主行动自由与自我价值实现受到限制；四是难以应对外部环境的变化。

海尔张瑞敏曾以"鸡蛋从外面打破只是人们的食物，但从内部打破就会是新的生命"这个比喻为启示，认为对于海尔来讲，其需要的就是从内部打破，即自我突破、自我颠覆和自我挑战。德鲁克先生曾经说过："未来的组织，是有组织无结构的。"有组织无结构的组织形态正是现在组织所需要的。为实现这一点，需要从以下几个方面做出改变：

第一，以任务团队结构取代层次结构。打破专业分工和等级制的组织结构，减少管理层次和职能部门，强化内部信息交流与沟通，突出平等、速度与效率，以任务团队结构取代层次结构，按照顾客的需要而不是按照职能来进行组织，从而形成以工作小组、团队为基本单元的组织结构，强化组织对于外界的反应速度，适应变革的持续性。

第二，不断调整组织实现目标的方式。目标是组织发展的动力，是组织最终的价值体现。不同时期，人员组成、外部市场以及组织结构的不同使得实现目标的方式存在差异。互联网时代，环境的动态性更使得组织目标实现方式存在多样性，如在发展稳定时采取主动性措施，在动荡时采用稳健性措施等。不同时期企业要及时调整实现方式，保证在成本最小化的基础上实现组织目标。

第三，组织成员柔性组合。形成组织内部人员流动的氛围及机制，给予员工最大化的获得新机会的可能性，不断调整组织成员，不仅要保证机会均等,更重要的是保证成员能够自主地表达需求,同时不准许成员固化自己的角色与岗位。

第四,运用信息技术协调成员之间的关联而非控制。组织管理者的职能从控制转向支持,从监督转向激励,从命令转向指导。组织管理者需要借助网络信息技术以帮助组织成员进行自我管理。例如,建立信息平台,帮助成员在相互尊重与信任的基础上进行知识与资源共享,协作完成组织目标。

柔性组织结构在一些著名的企业中获得成功,比如谷歌、阿里巴巴等。在这里,我选择一家新品牌企业来说明这一点。在丛龙峰所做的"韩都衣舍"案例研究中,大家看到了基于柔性创造的组织模式之魅力。

2007年,在与韩国 Tricycle 快时尚女装公司接触的过程中,赵迎光意识到,做女装才是更合适的方向,于是开始了又一次创业,"韩都衣舍"诞生了。事情远比想象的顺利,到2008年年底,韩都衣舍的销售额达到了300万元,2009年为1200万元,2010年为8700万元,2011年为2.8亿元……2014年为15亿元。6年,韩都衣舍的销售额从300万元到15亿元,员工数也从40人增至2600人。2018年,通过自孵化、合资、合作及生态运营等方式,韩都衣舍运营的品牌已达到100+。他们向各类合作的电商开放其电商客服、IT系统、仓储物流、视觉设计等各种资源。

"韩都衣舍"在经营过程中找到了一套适合自身发展的管理模式,这便是在电商圈里赫赫有名的"以小组制为核心的单品全程运营体系",简称"小组制"。这一模式将传统的直线职能制打散、重组,即从设计师部、商品页面团队,以及对接生产、管理订单的部门中,各抽出1个人,3个人组成1个小组,每个小组要对一款衣服的设计、营销、销售承担责任,与此相应小组提成也会根据毛利率、资金周转率计算。毫无疑问,这种划小核算单元、责权利统一的方式,更有利于激活每个团队的战斗力,也很契合"韩都衣舍""快时尚"的定位,其收效是显著的。

"韩都衣舍"能够取得这样的业绩,正是因为其不断打破内部平衡,围绕着顾客价值柔性组合内部的资源,内部组织体系也不再是层级结构,而是小组结构,让每一个小组织,从设计开始,可以全程直接对最终价值负责。打破组织内部结构的障碍,让组织可以依据顾客需求和市场变化重组组织要素是极为重要的,这一点,对于大型的组织来说,挑战更加巨大。但是无论挑战多大,打破内部平衡,让组织更具柔性是必要的选择。

划小单元

稻盛和夫所创造的经营模式被称为"阿米巴经营",其核心精髓是公司经营的原理和原则:"**追求销售额最大化和经费最小化**"。为了在全公司实践这一原则,就要把组织划分成小的单元,采取能够及时应对市场变化的部门核算管理。

"阿米巴"(Amoeba)在拉丁语中是单个原生体的意思,属原生动物变形虫科,虫体赤裸而柔软,其身体可以向各个方向伸出伪足,使形体变化不定,故而得名"变形虫"。变形虫最大的特性是能够随外界环境的变化而变化,不断地进行自我调整来适应所面临的生存环境。这种生物由于其极强的适应能力,在地球上存在了几十亿年,是地球上最古老、最具生命力和延续性的生物体。在阿米巴经营方式下,企业组织也可以随着外部环境变化而不断"变形",调整到最佳状态,即能适应市场变化的灵活组织。

划小单元可以实现两个最重要的功能,第一个是培养具有经营意识的人才。经营权下放之后,各个小单元的领导会树立起"自己也是一名经营者"的意识,进而萌生出作为经营者的责任感,尽可能地努力提升业绩。这样一来,大家就会从作为员工的"被动"立场转变为作为领导的"主动"立场。这种立场的转变正是树立经营者意识的开端,于是这些领导中开始不断涌现出与公司一同承担经营责任的经营伙伴。

第二个是实现全员参与的经营。如果每一个员工都能在各自的工作岗位上为自己的小单元甚至为公司整体做出贡献,如果小单元领导及其成员自己制定目标并为实现这一目标而感到工作有意义,那么全体员工就能够在工作中找到乐趣和价值,并努力工作。

划小单元的实施,无形中激发了基层员工的积极性,"我的事业我做主",把企业基本单元转变为独立的经营主体,从而更好地激发企业的内在活力和创新动力,充分调动基层管理者和员工的积极性、主动性、创造性。

从2014年开始,我在新希望六和实施划小单元的实践,从原本4个大的运营中心,拆分划小为48个经营单元。有了48个经营单元之后,一大批员工的能力被释放出来,在3年的时间里,公司不仅取得了年均27%的利润增幅,更重要的是完成了企业战略转型所需要的组织转型。

无固定领导权威

柏拉图是最早提出"权威"概念的人,他认为权威就是对意志的服从关系,而马克斯·韦伯则是第一个严谨论述工业时代有关领导权威思想的学者,他们的领导权威观点反映并指导了工业时代组织管理的组织秩序和稳定性。在一个新时代技术背景下,要打破工业时代组织管理的组织秩序和稳定性,"去权威化"是其中的一个选择,也是不得不面对的现实。

在传统领导范式框架下,员工公开"挑战"企业大佬和老板权威的做法属于"逆天"的做法。在互联网时代和新生代员工当中,去中心、自媒体和去权威化,却是一种新常态。

政治学家罗伯特·达尔曾对权力做出这样的描述:"A可以通过行使权力让B做B本来不会做的事。"根据"信息即权力"原则,当A握有信息时,就可以让不知此信息的B去做一些事情。而当信息开放后,即A知、B知时,A也就不具有权力了。互联网时代遵守的一条原则就是:"信息即权力",在数据媒体多元化、数据信息爆炸、数据传输速度飞快的时代,更多人获得信息对称后,权力也就慢慢弱化了。

我倾向于实现组织内部的"无固定领导权威",换句话说,就是谁专业,谁具有领导权威;谁承担明确的责任,谁具有领导权威。做到这一点,管理者本身需要具有"去权威化"的领导作为:第一,组织管理者应该放弃工业时代权威化领导的旧观念，以尊重专业性与责任的个人形象出现；第二，赞赏勇于担当的员工，鼓励员工像管理者一样对事情有深刻认识，允许员工根据自己的意愿去做事；第三，组织管理者学会成为被管理者，让自己在不同的组织内部新组合中胜任新的角色。

张瑞敏在《致创客的一封信》中，开篇这样写道："人类社会的每一次繁荣进步都离不开科技的突破，但人类文明的每一次飞跃发展更离不开思想的解放。当互联网带来指数科技的繁荣，我们又一次站在了时代的风口，就在大工业发展把每一个个体变成机器部件的最危急关头，时代列车转入一个新的轨道，'零距离''去中心化''分布式'的互联网思维把我们带进一个充满生机与挑战的人人时代，一个人人创客的时代。"

今天的组织需要不断调整自己的结构,让个体价值释放出来,才能顺应这个时代的变化。

第二项:基于契约的信任

在华为讨论员工与公司的关系问题时,我谈到了"感恩"这个词。在我们的认知里,如果一家公司能够给员工提供好的工作环境,让员工获得高收入并不断成长,那这家公司的员工应该对公司怀有一颗感恩的心。想不到任正非不接受这个观点,他说,在华为,我们不需要员工感恩,如果有员工觉得要感恩公司,那一定是公司给他的东西多了,给予他的多过他所贡献的。我听到这里,就问身旁的曹轶怎么理解这种说法。她在华为工作了10多年,她的回答给了我很大的触动。她说,她感受到的更多是"责任",而不是"感恩"。田涛也随之附和说,华为与员工之间是一种契约信任的关系,不会用感恩或者情感作为纽带。

如何建立员工与组织之间的关系,是组织管理中最为核心的关系界定。在传统的组织管理逻辑中,一直强调员工需要服从组织,需要有贡献于组织目标的行为,正因为这样,克里斯·阿吉里斯(Chris Argyris)提出了"阿吉里斯定理"。"阿吉里斯定理一"直截了当地指出:"正式组织的要求和健康个性的发展是不协调的。"规范的正式组织,与成熟的,即独立自主的、积极的、个性彰显的员工组合到一起,只会造成混乱,这是因为正式组织要求员工具有依赖性和被动性,循规蹈矩,严格遵从组织的规章制度。从"阿吉里斯定理一"导出推论:组织的混乱不安程度与健康个性的发展程度、个性同组织的不协调程度成正比,这一定理阐述了正式组织与个体健康发展之间的矛盾。

今天的关键问题是:必须找到正式组织与个体健康发展之间的协调性。唯有这样,组织才有机会与优秀的个体组合在一起。具体来讲,需要从以下几个方面入手。

管理员工期望

员工与组织之间有一种很特殊的关联,这种特殊的关联被称为"心理契约"(psychological contract)。心理契约是员工与组织之间无形的默契,默契的内涵包括员工对组织有一些期望,组织对员工也有一些期望。两者之间的彼此期望如果能达成共识,正式组织与个体健康发展会达成可协调的状态,所以如何不违背员工与组织之间的心理契约,即如何管理员工期望是一件极为重要的事情。

心理契约原本是社会心理学提出的概念，在20世纪60年代初被引入管理领域。从定义上去理解心理契约，有广义与狭义之分，广义的心理契约是指存在于组织和成员间的一系列无形的、内隐的、不能书面化的期望，是在组织中各层级间、各成员间任何时候都广泛存在的没有正式书面规定的心理期望。这种理解充分体现了心理契约存在于组织和成员间维系彼此良好关系的重要性。

卢梭等学者不同意把心理契约定位在组织层面上，认为组织不具有主体性，因而不会有统一的期望。在此基础上，他提出了一个相对狭义的心理契约概念，即心理契约是员工以自己与组织的关系为前提，以承诺、信任和感知为基础，自己和组织间彼此形成的责任与义务的各种信念。这种建立在个体水平上的定义简单、明确,强调员工对于组织责任和自己责任的认知。

20世纪末,有研究者对英国各地区各行业的雇员和组织间的心理契约内容进行调查后发现,组织对雇员的义务的期望主要有:守时、敬业、诚实、忠诚、爱护资产、体现组织形象、互助等7个方面,而雇员对组织义务的期望主要有:培训、公正、关怀、协商、信任、友善、理解、安全、一致性、薪资、福利和工作稳定等12个方面。

近年来,在全球竞争和组织变革的大背景下,心理契约在内容上发生了巨大的变化。过去在心理契约中非常重要的内容,正在逐渐消失或占据次要地位。同时,一些新的内容,如对灵活性、公平性、变革创新、不断尝试的要求,在心理契约中占据的权重越来越大。表 5-1 概括了这些成果。

表 5-1 心理契约内容构成的变化

特点	过去的心理契约构成内容	当前的心理契约构成内容
关注的焦点	工作安全性、连续性、对组织忠诚	相互交换的可能性、未来雇用的可能性
形式	结构化的、可预测的、稳定的	无固定结构的、灵活的、可以广泛协商的
建构基础	传统、公平性、社会判断	市场导向、能力与技能、附加价值(增值)的可能性
组织职责	工作连续、工作安全、培训、职业发展前景	对于附加价值的公正奖励
雇员职责	忠诚、全勤、服从权威、令人满意的工作绩效	技术革新、创业精神、锐意变革、不断尝试、优异的工作绩效

（续）

特点	过去的心理契约构成内容	当前的心理契约构成内容
契约关系	正规化、大多数通过工会和中介代理机构	认为双方服务的交换（内部及外部）是个人责任
职业生涯管理	组织职责，通过人事部门的输入来规划和促进职业生涯的内螺旋发展	个人职责，通过个人的再培训和再学习形成职业生涯的外螺旋发展

资料来源：陈维政，张丽华，忻榕.转型时期的中国企业文化研究[M].大连：大连理工大学出版社，2005.

心理契约能够对员工的工作态度和行为产生重大影响，研究表明，员工在心理契约得到有效兑现的情况下，会表现出更高的工作满意度、留职意愿和组织信任感。相反，组织破坏心理契约或发生心理契约的违背现象则会给员工工作态度及行为产生重大的负面影响。

华为强调"责任"而非"感恩",形成一种基于责任的信任关系,可以很好地管理员工对于组织的"期望",保证员工与组织之间是一种单纯的、基于"责任"的平等交互关系。从表面上看,似乎组织少了一些"温情",而实际上,员工会更容易得到绩效结果和满意度。

反观很多中国企业,一直强调"公司是一个家",拉高了员工对公司的期望,但是公司的确不是一个"家",无法用对待家人的方式来对待员工,所以员工会觉得受到伤害,达不到预期,往往出现背离公司期望的行为,甚至彼此受到伤害。很多企业老板不明白:为什么公司对员工已经很好了,可是员工还是不满足?公司已尽力在帮助员工,员工为什么对公司不忠诚?这些现象普遍存在,并不是老板做得不好,也不是员工忠诚度出了问题,究其原因，是员工与组织之间的期望管理出了问题，也就是心理契约出了问题。

组织管理者如果要建构一个稳定、牢固的心理契约关系，做好员工期望管理，就应该从根本上管理员工的期望，可能采取的做法有以下五种：第一，尽可能地实现组织和员工的工作关系是正确而合适的，即把合适的人安置在合适的岗位上；第二，让员工感受到责任承诺与组织对个体的承诺是明确而可靠的；第三，在任何情况下，都有一个适当的交流，在具体情况发生变化时，要有一个明确、清晰的认识；第四，确保人们因为好的绩效而得到承认；第五，确保人们因为努力而得到承认。

这里要特别强调的是，组织成员与组织之间的心理契约是在平等对话和相互承诺兑现的情形下被保护的。因此，把彼此的期望管理好,才能够确保平等对话以及相互承诺的兑现。

给员工以组织支持感

随着个体对自我需求认知的深入,简单的激励措施已经无法实现好的效果。为此,研究学者从多个角度观察和分析了个体与组织之间发生关联的各种影响因素。20世纪80年代中期,美国社会心理学家艾森伯格(Eisenberg)根据"社会交换理论"及"互惠原则",提出了组织支持(organizational support theory,OST)和组织支持感(perceived organizational support,POS)理论,给大家提供了帮助。

该理论认为,组织的支持能够满足员工的社会情感需求,如果员工感受到组织愿意并且能够对他们的工作努力进行回报,员工就会为组织的利益付出努力。员工如果得到重要的资源（如工资增加、发展性的培训机会等），他们就会产生义务感，并且按照互惠原则，通过增加角色内和角色外绩效来帮助组织达成目标。

20年前，在研究员工与组织的关系中，人们关注的是"员工忠诚度"；10年前，在研究员工与组织的关系中，人们关注的是"员工满意度"；5年前，在研究员工与组织的关系中，人们关注的是"员工幸福感"。从"忠诚度"到"满意度"，再到"幸福感"，可以看到员工越来越关注自己的情感需求，而组织也必须调整自身对员工关系的认知，这样才可以与员工一起创造价值，以实现组织的成长。

给员工以组织支持感，决定着员工对组织的一种知觉和看法，在这一点上有两个核心要点：一是员工对组织是否重视其贡献的感受，二是员工对组织是否关注其幸福的感受。一旦员工感知到组织愿意为其提供多方面的支持,员工就会为组织利益付出更多的努力,表现出更高的组织承诺、更强的工作执行力,以及提出更多具有创新性的方案。给员工组织支持感需要从以下三个方面入手。

维系组织公平

员工感受"组织公平"是从结果公平、程序公平和互动公平三个方面得到的。

- "结果公平"是指员工对所得结果(如报酬)公平性的感知。
- "程序公平"是指员工对组织程序或办法的公平性的感知。
- "互动公平"是指员工所感知到的人与人之间交往的质量,包括人际公平和信息公平。

研究结果表明:

::"结果公平"主要影响员工对管理决策结果的感知和态度。

::"程序公平"主要影响员工对企业的态度和情感。

::"互动公平"主要影响员工与管理人员之间的关系。

组织公平是影响员工获得组织支持感的最主要的因素。

主管对下属的支持

员工倾向于把自己的主管行为看作组织行为,把自己主管的倾向归结为组织的意图。此外,员工认为,主管作为员工与高层管理人员的中间人,会把其对自己的评价传递给高层管理人员,进而影响管理人员对自己的看法。因此,员工会进一步把主管对自己的支持看作组织对员工支持的一部分。

提供组织奖赏和工作条件

为员工提供发展技能、自助开展工作的机会,并使员工工作得到上级管理者的理解和承认,这些都能够提高员工的组织支持感。对员工的晋升和奖赏体现了组织对员工贡献的认可,这将促进员工更加努力地工作并且增强其组织支持感。

一方面,这项工作能够影响到员工对组织的心理感受,如果能够不断投入和强化,可以促使员工认同自己的组织身份和角色地位,并产生对组织的情感承诺;另一方面,这项工作也会增强员工对组织奖赏自己良好绩效的信心。

信息透明与沟通

几乎所有的企业,当发展到一定的程度,

都会为类似的问题所困扰：原有的勃勃生机似乎正在消失，员工人心涣散，士气低落，各部门更加强调自己的利益，互相的协调与配合越来越困难……这一切令管理者感到困惑：为何在创业的艰苦时期，大家可以齐心合力，士气高涨，而在企业的厂房更新、技术更先进、福利待遇更好的情况下，员工士气和部门间的协作反而不如从前？

在多数情况下，这些问题的症结在于缺乏有效的内部沟通。创业初期，企业规模较小，人员之间的利益差异不明显，这时企业内部沟通比较容易进行。随着企业规模的扩大，人员构成日趋复杂，企业内部信息不对称的情况愈演愈烈，部门之间隔阂加深，层级之间不协调加深。

1982年，由托马斯、佩里思、福斯等咨

询公司联合发起的对26家美国和加拿大企业的调查,得出了大致相同的结论。员工从"小道消息"获得的信息量仅次于顶头上司,90%的人都希望顶头上司成为"优先信息源"。研究还指出,如果顶头上司和经理等正式沟通网络不能完全满足员工的信息需要,则不受控制的、非正式的沟通网络将成为企业经营方针与发展方向的基本信息源。

我很感慨任正非所采用的信息透明与沟通方式给华为带来的活力:华为的"心声社区"给员工提供了一个广泛的交流平台,公司的信息、高层的看法、普通员工的看法,甚至包括任正非自己的看法,都可以在这个平台上得到释放、交流、讨论以及回馈。华为内部自我批判、绩效考核以及工作习惯等一系列沟通方式的设计,都是为了让17万人能够全面理解公司的决策、战略、面对的挑战和价值判断,并且让公司倾听员工的心声。

新希望六和在转型和成长期间,同样采取了全方位的沟通模式,让6万员工可以直接了解到公司战略转型的方向、面对的挑战、存在的问题以及解决方案,直接了解到决策层的想法,以及公司的价值判断。由于信息对称,全体员工在持续的组织变革调整中,从因为不理解而不安,到因为理解而自我改变。在3年的时间里,新希望六和不仅展开了转型并取得了经营业绩的增长,更重要的是得到了最大的资产,那就是内部的信任以及基于不断改变和转型的自信。

许多公司花大量的成本和精力去了解顾客,但很少做同样的努力去了解员工。一些优秀企业开始在员工沟通中做出很好的尝试,归结起来集中在以下三个主要关注点上。

第一,综合运用正式沟通渠道和非正式渠道。定期的领导见面和不定期的员工座谈会是一种很好的方式:高层见面会使那些有思想、有建议的员工有机会直接与高层领导沟通;员工座谈会则是在管理者觉得有必要获得第一手关于员工真实思想、情感的信息,同时又担心通过中间渠道会使信息失真时而采取的一种领导与员工直接沟通的方法。在非正式沟通渠道方面,许多企业近年来采用的新传媒技术等形式,大大降低了信息失真和扭曲的可能性。

第二,减少沟通层级。人与人之间最常用的沟通方法是交谈,交谈的优点是快速传递和快速反馈。管理者在与员工进行沟通的时候,应当尽量减少沟通的层级,越是高层的管理者越要注意与员工直接沟通。

第三,塑造利于信息透明与沟通的企业氛围。首先,设法让公司处在信息全透明的状态中,这是一个非常重要的要求。其次,鼓励所有员工积极思考并表达出来。最后,构建和谐的人际关系,鼓励工作中员工之间的相互交流、协作,强化组织成员的团队协作意识,营造平等、理解、信任的组织文化氛围。信任不是人为的或从天上掉下来的,而是诚心诚意争取来的。

基于契约的信任对于提升组织成员的创造力,有着决定性的作用,这种信任一旦形成,既可以保证成员在组织中有长期发展观,又可以促进成员与组织的共同成长。

第三项：设立新激励

合伙人制

在个体价值崛起的时代背景下，与优秀的人在一起成为企业首要解决的问题。"合伙人制"成为热门词：万科周刊发布《事业合伙人宣言》；阿里巴巴首席战略官曾鸣表示，"合伙人制是为保证公司保持远见、创业精神而设立的，是制度上的创新"；爱尔眼科首创实施医疗行业"合伙人计划"；海尔集团张瑞敏强调，"公司平台化、员工创新化、用户个性化"。合伙人制度的出现表面上是管理方式的变革，本质上是人才观念的变革，是让个体与组织长期组合在一起，共同生长，共担责任，共享利益的一个有效的模式。

先让我们来了解一下"合伙人制"的基本

概念。"合伙人制"主要可以分为三类：股份合伙、事业合伙、业务合伙。在商业实践中，很多企业会运用到多种合伙制的结合，成为混合型的合伙制模式。

股份合伙，即合伙人投资并拥有公司的股份，成为公司股东，参与公司运营的同时，承担经营与投资风险，享受股份分红。股份合伙是最常见的形式，对于创业公司来说，共同出资、共同经营称为创始合伙人，而对于传统企业或非创业期的公司来说，更多地表现为公司与业务骨干共同出资成立合资新主体公司的形式。

事业合伙，即常见的虚拟股份或项目跟投，员工出资认购公司虚拟股份，共同经营、共享利润、共担风险，但并不涉及法人主体或工商注册信息变更。事业合伙可以分为两类：

一类是公司拿出一项业务、产品、项目、区域（单店）等可独立核算的经营体与参与该经营体运营的员工共同投资，共享利润，共担投资风险，如万科的项目跟投、很多连锁企业的单店员工入股。

另一类是公司不区分不同业务、项目、区域，其虚拟股份对应整体经营盈利情况，全体合伙人出资认购公司整体的虚拟股份，并根据公司整体盈利状况进行分红、承担风险，如华为的内部员工持股计划。

业务合伙有两种常见的形式：一种是经营团队独立自主进行业务开拓与执行，享受团队经营所得的利润，这是合伙人制最早的形态，常见于智力服务机构，如管理咨询、会计师事务所、律师事务所、投资银行等轻资产运作的机构，人力资本是企业经营的主要因素；另一种类似于承包制的演化,即在公司确定的业绩、利润基础之上,由经营团队通过努力实现的增值部分进行利润共享,不足部分影响员工收益,适用于非轻资产运作但员工对业绩、利润起到较大作用,员工经济实力不足以进行资金跟投的企业,更多应用于基层员工的合伙人制改造,如永辉超市推行的一线员工合伙人制。业务合伙不涉及法人主体及股份身份事宜,业务合伙人通过自己的开拓与努力实现业绩与利润,并享受分成。

在"合伙人制"方面,几乎中国领先的公司都做出了选择和尝试,并取得了明显的效果,如海尔、小米、万科、阿里巴巴、华为等。

海尔采用的是"内部市场化、组织失控、自由竞争、内部创业"的组织变革方式。2013年,海尔提倡进行企业平台化、员工创客化、用户个性化的"三化"改革。企业平台化就是总部不再是管控机构,而是一个平台化的资源配置与专业服务组织,并提出管理无边界、去中心化,后端要实现模块化、专业化,前端强调个性化、创客化。

小米采用的是"独当一面的创始股东合伙人、初期员工的全员入股、充分授权与放手"的合伙人制。找到最合适的伙伴,采取合伙人的方式,充分授权,各管一块,实现每一块的高效运转,就像乐高玩具一样,用这样的优秀合伙人组建出一个个美妙的"世界"。由于拥有硬件、工业设计、软件、互联网等模块的合伙人,因此搭建出了"软件+硬件+互联网"的小米公司。

万科的合伙制是"利益与风险捆绑、自我革除赖以崛起的职业经理人制度"。2010 ~ 2012

年,万科高层管理者大量出走,三年间大约有一半执行副总裁及大量中层管理人员离开,甚至还引发了关于万科"中年危机"的大讨论。在这个背景下,万科拟通过合伙人制度,来重新界定公司与员工的关系,防止优秀人才过度流失,应对已经到来的新形势。用万科总裁郁亮的话说:"事业合伙人有四个特点,即我们要掌握自己的命运,我们要形成背靠背的信任,我们要做大我们的事业,我们来分享我们的成就。"

阿里巴巴的合伙人制按照企业发展模式进行设计。2009年9月,马云突然宣布包括自己在内的18位创始人集体辞去"元老身份",阿里巴巴将改用合伙人制度。2010年,阿里巴巴合伙人制度正式开始试运营。阿里巴巴的合伙人不同于股东、董事,合伙人必须持有公司一定的股份,但是在60岁退休或在离开阿里巴巴时要退出合伙人(永久合伙人除外),不再保有股份。阿里巴巴合伙人并非公司的经营管理机构,合伙人会议的主要权力是董事会成员候选人的提名权;合伙人拥有人事控制权,而非公司运营的直接管理权。

虽然华为并未对外宣称采用过"合伙人制",但是"以奋斗者为根本"的分配机制是华为最具特点的管理模式,也是华为凝聚17万人的有效手段,正如任正非自己说的那样:财务管理与人力资源管理是华为最强的核心竞争力。

平衡家庭与工作

工作与家庭关系是一种对时间、精力投入的竞争性关系和冲突关系。在传统管理体系中，组织不理会员工家庭角色的部分，只关注工作角色部分，而今这样的做法，已经无法适应员工的需求了。今天的员工非常在意兼顾工作与家庭的角色，大部分人不会选择为了工作而牺牲家庭，特别是那些个体能力强的员工或者年轻的员工，他们在价值选择上，会要求兼顾两者，而不会轻易牺牲哪一部分，这是管理者需要特别注意的情形。

我与宋一晓就工作与家庭冲突为主题做过一项研究，发现同时从事多个角色不仅有利于精神和身体的健康，还有利于人际关系的发展。除了工作、家庭这两个方面，必须关注到个人的自由时间与空间的重要性，例如业余时间的健身、看书、学习、音乐等。首先，人们需要娱乐，因为娱乐活动是人们有意识地追求精神平衡、精神休息的手段，能够带给人们快乐的体验以及积极的情感。其次,个人修养是人在个体心灵深处进行的自我认识、自我解剖、自我教育和自我提高,利用业余时间学习,提升个人素质及修养,这对于促进个人积极情感同样具有不容忽视的作用。具有高水平积极情感倾向的个体会有积极的人生观,会更乐观地处理不确定的事情,包括工作和家庭。同时,积极的情感会带来积极的体验,从个体资源来说,个体积极的情感能够促进工作、家庭关系的融合。

我们在研究中发现,视睿科技(现名视源股份 CVTE)这家公司很好地平衡了家庭与工作的关系,从而使得公司的组织效率和经营绩效表现优异。视睿科技非常清楚,父母和孩子作为员工家庭生活中的两大中心,始终是员工的"后顾之忧"。"孝"是中华民族的传统美德,也是视睿科技"家文化"中的核心部分,这在很多细节上都得以体现。例如,每年视睿科技都会在春暖花开之际,为新人举行盛大的集体婚礼,新人统一乘坐公司大巴,而奔驰、宝马则留给员工的父母。每年公司组织所有员工的父母到广州做一次免费体检,帮助患病的父母联系医院,安排住院;帮助身体健康的父母组团旅游,报销来回交通费和住宿费。

在孩子教育方面,视睿科技创建5年后,当初年轻的创业者开始为人父母,所以它开始意识到幼儿教育的重要性。为了让视睿人的孩子拥有与国际接轨的教育环境,并可以尽可能与父母多在一起交流,公司专门成立了幼儿教育研究机构,并逐渐导入幼儿心理学、色彩学、人体工学等领域。绘画、篮球以及楼顶蔬菜园都是该校的特色。现已建成 0~3 岁的亲子园、3～6岁的混龄幼儿园及针对国内幼儿教师培训的学校。公司设置的"其美儿童基金会"旨在为患有重大疾病的员工子女提供帮助。

视睿科技的薪酬制度，可以概括为以下几项。①薪资收入＝基本薪资＋绩效薪资＋工龄津贴＋年底双薪；②透明的薪资制度，每个人的工资和奖金都是公开透明的；③每季讨论一次薪资，员工可以随时对自己的或其他人的工资、奖金提出调整意见；④月度绩效工资：每月评定一次，根据当月目标完成情况而定；⑤特殊奖励：对公司的系统运营及管理方面提出有效建议，并因此产生相应的改善，公司给予激励及奖励；⑥补贴方面：包括父母补贴、探亲补贴、旅游补贴、节日补贴及通信补贴等。

这家位于广州的公司在2017年1月登陆资本市场，不仅获得了企业所在领域的领先者地位,更获得了员工和员工家人们的赞誉与支持。在祝贺公司上市的留言里,一位员工的家属写道:"作为一名CVTE家属,深深地为它能够上市感到骄傲,就像一直期待着的愿望得到实现一样高兴。我常常感叹于一家如此庞大的企业如何做到让每一个员工心甘情愿地付出,让每一个员工家属安心让子女抑或兄妹为CVTE打拼,这都得益于CVTE优秀的企业文化。它把每一个员工看成自己的家人,同样把每一个员工的家人当作家人,集体婚礼、诱人的午餐、父母免费游、节日问候……那么优秀的一家企业,那么令人敬服的企业文化,自然能够上市!"

组织获得员工最佳工作绩效表现,可以从以下两点做出安排:

一是建立积极的工作环境,让员工能够获

得来自上司和同事的支持,减少工作与家庭平衡的压力,照顾到员工感受生活品质的要求。

二是提供相应的福利和措施,例如员工能灵活安排自己的工作时间,在员工出现家庭问题时,上司给员工一些安慰。组织还可以提供诸如远程办公、弹性时间、工作共享、雇主支持的儿童和老人看护,以及产假、陪产假和探亲假等做法来帮助员工应对潜在的工作与家庭冲突。如果这样,员工对组织会产生较高的承诺,也很少有离开公司的意愿。

幸福组织

对于一个强调独立性的个体而言,"工作不创造幸福,但有助于得到幸福",博德洛与戈拉克将工作解释为"员工获得幸福的一种媒介"之观点可以给管理者新启示。为了获得赖以生存的工资收入、实现自身的充分发展,人们选择了工作。然而,人们选择工作还存在着另外一种动机,就是希望能够从工作本身获得幸福感。威廉·詹姆斯(William James)曾说:"事实上,获取、保存以及恢复幸福是所有时代绝大多数人行为背后的动机。"

员工行为背后的动机也是如此,他们希望在工作中能够获得幸福感。员工幸福感是员工在工作场所中的积极心理健康状态,反映了个体在工作中的满意水平,是衡量组织员工心理健康的指标。在哲学上,存在两种幸福观:主观幸福感和心理幸福感,它们分别对应伊壁鸠鲁的快乐论和亚里士多德的现实论。主观幸福感是指个体根据一定的标准对其生活质量的综合性评价,是衡量个人生活质量的重要综合性心理指标。而心理幸福感则包含了行为和动机两个方面的内容,个体在工作情境下的幸福感主要有情绪体验和认知体验两部分:情绪体验包括焦虑和安适、消极和热情等;认知体验包括期望、能力和自主性。

最近几年,在企业管理实践中,已经有越来越多的企业开始关注员工幸福感并着手打造幸福组织。概括地说,如果组织管理者能够充分发挥员工的智慧和优势,协调组织资源,帮助员工获得发展、不断地追求生存优越和快乐,以满足员工不断提升的物质和精神需求,并促进组织利益相关者的幸福最大化,那么这样的组织便可以被称为幸福组织。

我和宋一晓针对腾讯和星巴克这两家多年获得最佳雇主的公司展开了研究,这两家公司的实践给了我们很大的启发。

在**企业文化**方面,腾讯强调一种正直、进取、合作、创新的价值观，致力于将企业打造成一所快乐活力型大学。而星巴克则突出将人文精神传递给每个利益相关者，以人文精神将员工、顾客及股东等相关者联系在一起。星巴克一直很强调企业文化，认为员工深刻认识并认同其企业文化是其更快乐地工作并为顾客提供更好服务的前提与保障。

在**工作环境**方面，为了给员工提供更加轻松、自由的环境以激发员工的创造力，腾讯为员工提供了舒适的工作环境，所有这些组成的整体工作氛围突出了自由与开放。例如，在开内部讨论会时，品牌经理可以选择任何舒适的方式，甚至坐在办公桌上发表言论。而星巴克为了保证为顾客提供可期性的产品与服务，其员工需要遵守严格的工作流程与规范。它侧重塑造的是一种互相尊重、互相信任的团队精神。例如,星巴克店长与店员均统一着装。

在**员工活动**方面,腾讯为员工提供了各类娱乐活动,除了圣诞晚会、文化日、嘉年华等活动,还有各类协会,例如舞蹈协会、乒乓球协会等,甚至还配备有专门的游泳池。星巴克的员工则主要以门店为单位进行活动。为了回报社会,星巴克会组织员工参加社区服务,例如探访社区敬老院等,此外,门店会不定期组织员工进行诸如唱K等活动。

在**福利保障**方面,除了提供在各自行业中较有竞争力的薪酬外,两家公司的特色不尽相同。例如,考虑到年轻人的住房梦,腾讯自2011年开始创造性地启动"安居计划",在3年内投入10亿元为首次购房的员工提供免息借款。工作满3年的员工均可申请免息借款。星巴克则开创性地为每周工作20个小时或以上的所有员工提供医疗保险以及获得咖啡豆股的机会。此外，星巴克还为员工提供卫生福利、员工扶助方案、伤残保险，这在同行业中极为罕见。这种独特的福利计划使星巴克尽可能地照顾到员工的家庭，对员工家里的长辈、小孩在不同状况下有不同的补贴办法。例如，当员工家庭遭受自然灾害时，星基金会视情况予以一定的帮助。

在培训发展方面，两家企业都建立了企业大学，致力于为员工提供更好、更全面的培训及职业发展体系。腾讯学院与HP商学院合作设计了一整套员工职业发展体系、管理和专业双通道发展机制以及包括专业培训及公开培训的培训体系。星巴克则提供包括零售营运和其他部门的培训、咖啡和文化及领导能力等课程，并根据不同岗位提供不同的发展机会。

在**服务用户**的同时,腾讯在人力资源管理方面也一直创新性地服务自己的员工,将员工称为"内部客户"。而在星巴克内部则一直秉持"没有员工,只有合伙人",每一个员工都被称为伙伴。

除此之外,两家企业还特别关注企业所在行业的行业特征、领导者价值观建设以及员工特质三个前提条件。

行业特征

互联网行业变化频繁、竞争激烈,员工面对很大的压力与挑战。作为互联网企业的腾讯一直积极探索让员工"工作并快乐"的有效途径。首先,要让员工充满责任感与使命感,让员工能够感受到拥有共同的事业与使命,这就需要企业文化的宣贯。其次,一个好的雇主应以人为本，给予员工一个相对独立与自由的空间，使员工能够更好地激发创意并进行有效的沟通。创造对于任何企业都很重要，尤其是互联网企业的产品日新月异，必须保持持续的创新才有可能保持领先。不同于腾讯，顾客进入星巴克消费就是基于其"可期性"——星巴克的服务是可以期待的，顾客能准确知道将品尝到什么样的产品、享受到什么服务。按照星巴克的要求，无论在哪里，每一家门店都要一样，提供统一口味的咖啡、热情的微笑，并拥有共同的价值观。为了保证产品与服务的品质，星巴克员工的工作流程必须保持高度的标准化。星巴克着重提供那些能够体现公司对员工关怀的资源，营造愉快的工作氛围，这是因为只有快乐的员工才能为顾客提供更好的产品与服务，才能将快乐传递给顾客。

领导者价值观建设

被员工称为小马哥（Pony）的腾讯 CEO 马化腾是个崇尚共享、自由精神的人，并不会单纯强调"我"的价值，他明白团队的意义。马化腾曾多次说："对于腾讯来说，业务和资金都不是最重要的。业务可以拓展、更换，资金可以吸收、调整，而人才却是最不可轻易替代的，是我们最宝贵的财富。"正是出于对员工的关注，仅仅是在校招员工方面，腾讯投入的薪酬、福利、教育、培养等资源，保守估计 3 年已经超过 10 亿元。而作为一家最受尊敬企业的 CEO，舒尔茨在其第一本著作《将心注入》中写道："父亲一生勤奋却一无所成，并且得不到雇主的尊重。"因此，舒尔茨一直希望当自己能够决定局势时，创建一家让员工感到尊重和信任的企业。他认为，只有当企业有良好的价值观,秉持"员工第一、顾客第二、股东第三"的信念,才能通过员工的服务为顾客创造一流的消费体验,最终为股东赚钱。这也就是为什么在星巴克经营状况不好的时期,舒尔茨不顾董事的反对坚持为员工提供医疗保险,包括临时工在内。

员工特质

新生代员工具有高度成就导向和自我导向、注重平等及漠视权威、追求工作与生活的平衡等工作价值观特征。腾讯拥有一大批年轻活力、富有才华的知识型员工,较强的好奇心、学习力及内驱力是他们的共同特征。对他们而言,工作绝对不仅仅是谋生的手段,他们更希望能从工作中获取成就感,实现自己的价值。腾讯的人力资源管理实行"内部客户制度",将员工视为公司的内部客户,用产品经理的思维去做HR的政策,关注用户的体验与反馈。这种"客户导向"的方式能够根据员工的不同需求制定人力资源管理政策。同样,星巴克的员工大部分也是新生代员工,他们特别看重工作的有趣性及成就感。在大部分中国人看来,做咖啡店的员工并不算是高端的职业,但星巴克采用的"合伙人"制度使所有伙伴都有一种"与有荣焉"的荣誉感。在人力资源管理设计上,星巴克在重点满足生理、安全、尊重等层面的需要后,致力于员工自我价值的实现。它向员工传递这样一种信息:只要肯努力并抓住机会,每一位员工都有更上一层楼的机会。

腾讯和星巴克两家企业的实践表明,幸福组织的建设要求管理者以幸福为终极目标来管理组织以最终实现员工的幸福。幸福组织既体现了现代商业对于人性的回归，同时也是对于员工"更追求内心的快乐，更重视有趣的工作，而不只是金钱"的工作价值观变化所做出的回应。这两家企业和其他一些优秀企业的实践表明，可以从企业文化、工作环境、员工生活、福利保障、培训发展五个途径来实现幸福组织的构建，同时还要特别关注三个前提条件：企业所在行业的行业特征、领导者价值观建设以及员工特质。

第四项：授权各级员工

2016年11月，华为高级顾问田涛在剑桥大学嘉治商学院"全球商业领袖"论坛的演讲中提到，华为的制度核心就是"分好钱，分好权，共享成就感"。田涛在分权机制设计中介绍:"华为是一家知识密集型企业,95%以上的员工都接受过良好的大学教育。校园是培植雄心、野心的地方,剑桥这个地方就在过去800多年的历史中培养了一大批影响世界、改变人类命运的伟大人物。因此,我们必须认识到,知识劳动者在追求财富自由的同时,也有着强烈的掌控欲、权力欲,权力是他们实现个人成就感的工具和权杖。华为是一家权力充分释放、充分开放的公司,一大批二三十岁的年轻知识分子占据着华为从下到上的权力走廊,今天50岁左右的公司最高层领导者、管理者,他们在20年前,也都拥有很大的权力。"

华为创始人任正非先生说:"我是在生活所迫、人生路窄的时候创立华为的。那时我已领悟到'个人才是历史长河中最渺小的'这个人生真谛。我深刻地体会到,组织、众人才是力大无穷的。人感知自己的渺小,行为才开始伟大。"在他看来,组织、众人是力大无穷的。"也许是我无能、傻,才如此放权,使各路诸侯的聪明才智大发挥,成就了华为。"任正非先生认为华为有今日成绩是"15万员工,以及客户的宽容与牵引",而他不过是"用利益分享的方式,将他们的才智黏合起来"。他对于组织的认同已经不仅仅是使命感或者责任感,他没有将自己放在组织的顶部,他做得更多的是托起这个组织,并用组织的整体力量成就华为。

授权给各级员工,是推动企业成长的根本动力,实现这一点需要在两个方面做出努力:鼓励试错行为和打造自组织。

鼓励试错行为

这是一家非常值得大家学习的公司,名字叫亚马逊。2016年4月6日,国外媒体报道,亚马逊CEO杰夫·贝佐斯发布了年度股东信。在这封信里,贝佐斯希望股东相信,亚马逊目前的各种尝试将带来回报。贝佐斯指出,亚马逊计算平台AWS已经成为公司一块重要的业务。AWS从10多年前起步,而目前年营收达到100亿美元,这一发展速度比亚马逊电商业务更快。贝佐斯表示:"在我们起步之初,许多人认为亚马逊很大胆,甚至认为这是赌博。'这与卖书有什么关系?'我们当时有可能陷入这样的纠结中,但我很高兴我们并没有这样。"他表示,亚马逊"在允许失败方面是全球最佳的公司"。

虽然外界认为亚马逊做的很多业务之间没

有关联,但是在贝佐斯看来,亚马逊的各个业务之间有一定的关联,揭开表面,各业务之间的差异并不大,它们共享着独特的组织文化。他说,"这一文化深信几条原则,并在此基础上展开行动。我所说的包括关注用户而非竞争对手,渴望创新及探索,愿意失败,对长期发展保持耐心以及关于卓越运营的职业自豪感。"

正如贝佐斯所说的那样,亚马逊的独特之处之一在于它如何面对失败。贝佐斯认为,亚马逊应该说是"全世界最能包容失败的场所,而失败和创造性是不可分割的孪生兄弟"。亚马逊成为收入达1000亿美元速度最快的公司,人们分析秘诀就是:允许失败。

打造自组织

许多人都喜欢《帝企鹅日记》这部电影,

从中，观众会发现企鹅没有领导人。有意思的是，企鹅怎么知道自己要往哪里走呢？这正是人类团队和自然界团队之间的本质区别。答案是：没有哪一只企鹅知道要往哪里去，但当它们作为群体一起前进时，就知道要往哪里去了，这就是团队智慧，也是生物团队的一个重要特征。

所谓自组织，是指特定的组织、企业、个人，以特定的目的、兴趣、利益等自发聚集形成团体、组织的现象。自组织没有严格的管理规则，成员没有明确的边界和严格的归属。自组织具有快速发展、无边界复制的特性，其骨干成员忠诚度较高。正是这个组织特点，让自组织深受新兴组织以及员工的喜爱。自组织是一个系统内部从无序到有序的过程，这一过程形成新的治理模式，有别于建立在交易关系上的市场治理,或者建立在自上而下权力关系上的层级治理,自组织建立在因情感、认同、共同事业、共同兴趣而有的信任关系上。

自组织的特征体现在以下四个方面:

特征一,扁平化、无边界的结构特征。在自组织当中通过运用诸如跨层级团队和参与式决策等结构性手段,逐步消融组织的纵向垂直边界,从而使层级结构扁平化。比如小米的自组织方式,从内部管理一直延伸到与客户进行互动,市场、产品也以自组织的方式迭代进化。

特征二,去中心化的流程特征。传统企业的组织形式采用集权命令链方式,各项决策的源头均来自顶层管理者。自组织采用的是去中心化的形式,去中心化是将决策权下放,让组织内部的末级拥有更多的决策权。去中心化趋势的最终目标是个体的自我决策,以及个体与个体间的协同共建,这成为组织扁平化的推动力量。

特征三,去KPI化和利益分配透明的奖惩特征。KPI承载了奖金、晋升等多种职责,驱使员工为了上级制定的指标服务,而不是为了解决客户需求服务。自组织采用公开和透明的奖金机制,带来的是员工的公平感,所以会以顾客价值为导向,并强调真正的公平。

特征四,甄选是人员层面的特征。甄选是组织在明确目标下,识别并招募那些能力匹配和认同企业价值观的人,同时识别和淘汰不符合能力和价值观要求的人。甄选的理念与方法不仅要贯穿于入职招募过程中,也要时时刻刻贯穿于人才的使用和考核当中。

授权给各级员工的途径和方式还有很多,

最需要提醒的是,员工成长以及能力释放,最好的途径是得到授权去承担责任。

第五项:创造可见绩效

组织最具价值之处在于"让本不能胜任工作的人可以胜任"。组织可以坚定成员面对挑战的信心在于可见的绩效,所以组织必须建立起彼得·德鲁克先生所倡导的"绩效精神"(spirit of performance)。让每个成员获得绩效,其关键是让组织具有顾客立场,为员工提供资源,关注机会而非问题。

顾客立场

近几年 IBM 的研究报告认为,市场已经过渡到重构前端业务上来。以往,企业注重的是产品和企业内部能力,比如企业管理者特别注重对产品、技术、成本以及规模的理解。但是今天企业管理者必须转移方向走到前端去,必须回到与顾客之间的界面上。华为做手机可以让顾客触摸到华为,手机业务是华为的前端业务。

很多企业谈转型,但到底要转到哪里去?大家有很多内容可以讨论,比如战略转型、业务转型或者财务转型,又或者是组织转型、增长转型。所有这些转型都需要回答一个根本的问题:转到哪里去?答案很明确,回到顾客那里,才能真正转得过去。

以顾客为目标,这不是一个很简单的理念和追求,这需要企业所有的工作都必须以顾客为中心。新希望六和进行企业转型时,在两个维度上做了基本的反思。第一个维度是对行业和顾客的理解,公司是不是真的与顾客在一起。在产业规律和顾客期望之间，要找到成长的路径就必须知道发生了什么变化。第二个维度是整个产业当中你的价值贡献在哪里。对于这两个维度，企业管理者需要时时关注并做出判断。

这种转变需要企业管理者由关注内部成本、内部组织绩效与考核，转向关注合作绩效、成长和推进。这种转变也导致企业关键要素发生了彻底的改变，其中一个关键要素就是，企业之间不再是一种贸易与贸易的商业关系，而是一种数据与技术标准的交流。这就要求价值链环中的所有成员保持一致的追求方向和共同的工作方法，保持一致的产业理解，即一定要回到顾客那一端。

顾客价值的定义是什么？顾客价值并不能够用概念来诠释，它是一种思维方式、一种行为导向。如果你具有顾客价值的思维方式,你的行动方案就会更加有效。我举个小例子来说明这一点。有一次我参加了一个论坛,想不到在播放大会主题片子时出问题了,音响系统全停了,会场的灯也都灭了,只有大屏幕上的画面还在继续播放。重要领导和嘉宾坐在第一排,安静等待问题解决,工作人员吓得一身冷汗。工作人员焦急地查找原因,十几分钟过去了,似乎还找不到原因,整个会场都在等待,甚至有嘈杂的声音开始出现。我当时在想,现场的领导和嘉宾最需要的是什么,就是听到声音,有没有电没有关系,屏幕在,声音在,就可以。于是我走过去和工作人员说,你就照着屏幕的字念,大家听到声音就可以了。工作人员马上按照我的建议去做,结果整个会场安静了下来,等会场恢复电力时,全场响起热烈的掌声，我相信那一刻大家都松了一口气。论坛结束后，工作人员把复盘这件事情的结果告诉我，他们发现当问题出现时，他们急于去寻找产生问题的原因，但是忽略了听众最关心的是什么，结果在现场找不出解决的方案，这就是我讲的顾客思维。

回到顾客端，需要关注以下几个关键问题：第一，是不是真正以顾客为中心？有一次到一家企业交流，老板很开心地告诉我，公司找到了一句最能表达顾客价值的传播用语："对待顾客要像对待上帝一样。"我问他：公司有多少人了解"上帝"？他说应该都不了解，我说如果不了解，又如何去为顾客服务呢？他说他明白了，最后改为"对待顾客要像对待朋友一样"。改成这句话，员工都懂了，也就可以真正为顾客服务了。第二，顾客真的需要最低的价格吗?顾客需要的是价值,而不是价格。第三,能不能为顾客增值?你增加的价值和创造的价值是什么?事实上,只要站在顾客立场,可以增值的地方非常多。第四,是不是真正能把顾客价值传递到顾客的手中?一些人担心,当价值全部给顾客时,公司就不能盈利了。事实上,不会。如果能够把价值传到顾客手中,你就真的成功了。第五,顾客是不是真的满意?企业与顾客建立忠诚关系,才是最重要的。第六,公司能不能变大?其他人还有没有机会?答案是,没有企业大到不再增长,关键是能不能跟顾客在一起。

为员工设计绩效

为员工提供资源,首先表现在为员工提供一个能够获得绩效的岗位,把员工放在合适的岗位上，他才有可能产生绩效。如果一个人在某个岗位上无法获得好的绩效，管理者就要考虑是否自己对他的安排不当。我曾经经历过这样的事情，在我做咨询顾问的企业里，有一个员工总是无法获得绩效，而且每个内部组织单元都不愿意吸纳他成为其中一员，觉得他是拖累团队绩效的负能量。当老板把这个员工交给我，希望我来解决这个问题时，我发现其实是没有给他一个胜任的岗位。这个员工有两个非常明显的长处：一个是可以很快觉察出别人的问题是什么，另一个是有很强的说服力，可以说服别人接受他的观点。我针对这个员工的两个长处，安排他去顾客投诉部门工作，很快他就成为公司内部绩效最高的员工之一，因为他可以很快明白顾客投诉的问题出在哪里，然后把关键点交付给后台，同时他可以很快与顾客沟通，并达成共识，一起来解决问题。

所以，如果一个员工无法获得绩效，问题有时并不在于员工本身，很可能与员工所处的岗位职责不匹配有很大的关系。

2009年，华为内部开展了组织结构和人力资源机制的改革，确定了"以代表处系统部铁三角为基础的，轻装及能力综合化的海军陆战队"作战队形，培育机会、发现机会并咬住机会，在小范围完成对合同获取、合同交付的作战组织以及对中大项目支持的规划与请求。"铁三角"的精髓是为了目标打破功能壁垒，形成以项目为中心的团队运作模式。相应的流程梳理和优化要倒过来做，即以需求确定目的，以目的驱使保证，一切为前线着想，共同努力地控制有效流程点的设置，从而精简不必要的流程、不必要的人员，提高运行效率，为生存下去打好基础。权力的重新分配促使华为组织结构、运作机制和流程发生了彻底的转变,每根链条都能快速、灵活地运转,重点的交互节点得到控制,自然也就不会出现臃肿的机构和官僚作风,这是华为打造的内部价值网络。

关注机会而非问题

在管理过程中,人们常常会特别关注问题,并把组织的焦点聚集在问题上,其实这是一个极为错误的行为。比如,管理者如何开会?如果你仔细观察,会发现很多公司的会议都是问题导向的——只要有问题,就召开会议,也正因为如此,企业内部的会议非常多,且问题层出不穷。正确的做法是,会议是行动方案导向的,也就是有问题不需要开会,而是明确行动方案才开会。因为讨论问题的会议往往很难达成共识，同时会耗费时间，需要多人参与，这对解决问题而言，不是最好的解决方式。要知道，理解和判断问题应该是回到问题发生地，而不是在会议室，所以会议对于问题而言，不是最好的解决路径。

对于组织绩效而言，关键不在于问题，而在于机会。也就是说，管理者应该聚焦于机会，坚持结果导向，寻找可能的机会以获得绩效。很多时候，我用这样的观点来审视自己以及我所合作的管理团队，不难发现，那些陷入问题中的管理者，很难获得成效，而那些让复杂问题简单化，想办法不让自己陷入问题中的管理者，反而能够取得成效。因此，请大家关注机会而非问题，这是获得绩效的有效途径。

第六项：合作主体的共生系统

顾客、员工、股东是公司的核心构成要素，这是人们的基本认知。今天企业的核心构成要素改变了，增加了五个新的要素：供应商、制造商、终端零售商、中间商以及用户，我把集合所有这些要素的企业称为"价值共同体"。"价值共同体"作为一种新的企业范式，对企业管理者的要求改变了，突出体现在以下四个方面：①发展建立与共同体价值成长的使命和战略；②采用合作式的商业流程；③获取有关顾客、用户和市场的知识；④决定完成使命所需要的工具。达成这些新要求，组织管理者需要从开放平台、构建价值共同体以及建立生态逻辑三个方面去努力。

开放平台

一本关于 7-Eleven 的书给了我很大的启发,在互联网技术冲击最大的零售行业里,7-Eleven 保持了自己的强劲增长,甚至效能超过阿里巴巴,真的令人侧目。我先把这本书上的一些关键点摘抄给大家,让大家对 7-Eleven 有个初步的认识。书中介绍:7-Eleven 日本公司有 8000 多名员工,2016 年创造了近百亿元人民币的利润,人均创造利润接近 120 万元人民币,堪与阿里巴巴比肩。后者 2016 财年 3.6 万多名员工创造了 427 亿元利润,人均创造利润 117 万元。7-Eleven 在全日本开有 18 572 家连锁店,其中直营店只有 501 家,它没有任何属于自己的工厂,更没有任何属于自己的配送中心。7-Eleven 日本公司从 1974 年创立以来,保持了连续 40 多年的增长势头,哪怕是在日本经济的严重衰退中。它是如何做到的呢?

7-Eleven 不仅是一家商店,而且是一个特许加盟连锁的利益共同体,更是一个具有互联网基因的共享经济平台。7-Eleven 日本公司只聘用了 8000 多名全职员工,其余人员全部都是加盟店、制造商和供应商的雇员。7-Eleven 日本公司在已经开店的区域中设有 171 家专用工厂,几乎所有工厂都是由制造商或供应商投资,以高频率将商品配送到各加盟店的 150 多个物流中心,配送车辆也是如此。然而,7-Eleven 却可以建立全球最有效率的共同配送系统。整个共享经济平台的从业人员总数超过 40 万,其中在加盟店工作的超过 30 万,服务于工厂、物流配送的人员有 10 多万。共同配送系统打破了制造商和企业之间的高墙,并且跨越了商品品类的框架,组成了共同配送的体系。

7-Eleven 既是共享顾客的平台,也是共享信息、共享物流、共享采购和共享金融的平台。7-Eleven 作为一个共享经济平台为所有参与方创造了巨大的商机。亚洲最大服装零售商优衣库线上的订单,可以到日本大部分 7-Eleven 商店自提,这极大地方便了顾客,消费者不用在家等收快递,可以就近选择离家或者办公地方最近的 7-Eleven 便利店进行收货。

钱德勒说工业资本主义时代的原动力是规模经济与范围经济。那么,现在互联网时代的原动力是什么?就是平台。世界上排名前 5 的企业中,有 3 家是平台化企业,这种形式的企业优势在于 10 年里的发展是平稳上升的,而且越来越显著,挤占了诸如能源、金融等传统企业的领先位置。如今,在整体经济下行、企业内涵式增长愈发受限的经济背景下，越来越多的大中型企业已开始思考利用平台化战略在企业内部进行二次创业，帮助企业突破增长乏力困局。

平台化组织必须完成相关业务市场机制的设计，以实现平台资源对外开放及外部力量的引入。在这一层次上，企业搭建平台时有两个选择方向：第一，对于具备突出相对竞争优势（如产品标准化、创新、供应链管理、品牌影响力）的企业，可选择搭建跨界型、外向型平台，将核心优势资源对等为平台价值，并设计市场机制将平台价值与外部共享，通过对外部企业开放平台实现资源的互换、合作，以更低的成本实现产业链延伸、跨界合作。第二，对于具有一定竞争优势，但优势不明显的企业，可选择搭建面向现有行业的整合型平台，通过总部平台对下属经营单位提供服务,并通过市场化的交易机制设计,明确集团总部与各业务板块之间、业务板块之间及业务板块内部的利益分配、内部交易机制,以合伙人改造的方式大规模整合行业内企业、团队,形成众多扁平化、自组织的经营单位,将经营重心下沉,释放组织整体效率。

构建价值共同体

企业经营者对"价值链"的概念及意义已经相当熟悉,企业要生存和发展必须为各利益相关者创造和传递价值,而创造和传递价值的过程可以分解为一系列互不相同,但又相互关联的经营活动和管理活动,这些互不相同又相互关联的经营活动和管理活动链接起来,就是价值链。

由于顾客需求的增加、国际互联网的冲击以及市场竞争日趋激烈,企业应改变经营事业的设计,将传统的供应链转变为价值共同体,将客户个性化要求与高效的供应体系相连接,利用计算机技术实现合作各方的无缝连接,以高效率提供解决方案。价值共同体涵盖了企业自身、客户、市场对手、联盟伙伴等多重经济关系的网络体系。它表现为三种基本形式:客户为核心的价值创造网络、生产企业为核心的合作关系网络、以网络主体间关系为核心的竞争关系网络。

7-Eleven 就是如此构建自己的价值共同体的,全日本的加盟店和 7-Eleven 总部不仅是传统的利益共同体,更是长期抱团的命运共同体。不分企业内外,超越产业之间的区分,实现协调合作的共有化原则包括以下六个方面:

共享观念、理念和思想，共享具体目标和目的，共享顾客，共享信息，共享系统，共享经营成果。铃木自创业以来一贯坚持"时刻站在顾客的立场上思考与行动"，并以此为根本，毫不动摇。不论处理与加盟店的关系还是处理与供应商的关系，他都坚持这个原则。他认为理念和思想迥异的人无法组成团队，就算理念和思想一致，倘若彼此的利益相悖，同样也无法携手合作。因此，必须以相互的兴旺与繁荣为目标。

价值共同体从本质上而言，是一个基于用户价值和产业网络高效合作，所形成的网络成员资源共享、价值共创、利润共享的群体性产业网络模式。客户需求激发、组织动态演化、信息技术整合和群体协作响应，是企业价值共同体的核心运营理念。这个概念里有三个值得注意的地方：一是，用户在价值共同体中的地位得到真正的凸显，用户不再是产品被动接受者和企业商业利润的贡献者，而成为参与产品和产业价值形成的创造者、产品消费者与使用者。二是，企业的经营和竞争已经不再只是产业价值链条上的竞争，而是广义价值网络的合作；这里，网络的参与者既有生产企业、供应商、流通商、设备商、联盟伙伴，也有竞争对手、用户、社交媒体、网络社群。三是，贯穿价值共同体的理念和机制应当是共享、共创、共赢。

价值共同体打破了传统价值链的线性思维和价值活动分离的机械模式，围绕顾客价值重构原有价值链，使价值链的各个环节以及各不同主体按照整体价值最优的原则相互衔接、融合以及动态互动。管理价值共同体成为当下企业构建和维护竞争力以及维护持续发展的必然选择,而要成功地进行价值共同体管理,应当注意以下几个关键环节。

第一,关注顾客,定义价值主张。价值共同体的构建,首先要把理解、创造消费者价值置于价值共同体的核心,必须确定价值共同体到底要向顾客提供何种价值,这就是价值主张问题。清晰的价值主张是设计价值共同体模块和制定合作规则的基础。第二,规划价值模块并寻找合适的成员。在既定的价值主张下,根据核心价值逻辑设计出一套独特的价值创造方式,主体企业关注的是价值共同体的整体价值增值,在选择合作伙伴时,必须根据价值模块搜寻和选择能够提供价值模式能力的合作者。第三,搭建价值共同体成员合理网络治理结构。价值共同体成员之间除了需要明确的价值主张、成员之间的能力和合作意愿外,成员之间搭建起合理的网络治理结构也极为关键。价值共同体的治理实际上是选择成员、维护成员联系及安排成员之间交换的制度与规则。合理的网络治理结构和机制能够鼓励企业主动协调、改善和巩固与周边相连接企业的关系,从而减少价值创造过程中的摩擦和冲突。第四,分配角色并管理价值网络。价值共同体对价值创造过程中的协调能力提出了更高的要求,而主体企业往往是拥有某项特殊资源和能力的创新者或领导者,其拥有的协调能力不仅能吸引具有核心能力要素的成员企业的加入,而且可以强化产业价值链上更加细致的专业化分工和协调技术的演进。

今天领先的企业相信价值共同体的力量,它们愿意并准备为此付出必要的时间和精力。

它们认为与价值共同体成员一起经营,是一种应对挑战和寻求突破性发展的解决方式与战略。一家企业不可能为所有的人提供全部产品,但通过价值共同体的构建,企业就能更接近这个目标,这令企业得以创造一个有利于顾客的环境,并能始终超越其目前的行业水准。

建立生态逻辑

战略思维对于一家企业的生死存亡起着至关重要的作用,那么,当前企业应以什么样的战略思维匹配时代与市场的发展规律呢?

五星控股集团是我10年前就熟悉的一家企业。创立了五星电器的汪建国及其团队,在2010年开始做共享经济模式创新——汇通达模式,即把农村乡镇的夫妻店资源,链接到汇通达的平台上。每个村镇大约有500个点,每个村都建立信息点,帮助这个镇的小老板在前端获取顾客,同时在后端得到优化的供应链,这样小店就不需要备很多货,只做出样,售卖产品即可。

汇通达会当天为小店配货,并同时为小店的经营服务。它不需要拥有小店和店员,但是乡镇网店的这些店和店员某种意义上也是汇通达的,因为一个分享机制,让各自都得到好处和发展,大家因此组合在一个生态圈内。汇通达不仅做了家电产品,还打破了行业界限,将农机、农贸、电动车、自行车都纳入进来。2019年1月,汇通达的会员店数量达到10.5万家,服务了约7000万个农民家庭、3亿农村人口。

我之所以对这家企业的做法感兴趣,是因为它的做法契合我对今天战略思维内涵变化界定的想法。传统战略思维的根本特征,是以打败对手为企业一切战略的出发点。而对于今天的市场环境而言,**战略的出发点不再是竞争对手,而是用户的体验价值**。企业如果想在市场中获得优势地位,就需要围绕着用户的极致体验,进行战略要素的组合。

最近10年来,一些企业发展迅速并令人欣喜,如腾讯、阿里巴巴、滴滴等,它们所获得的增长完全超乎一般企业的发展逻辑。仔细分析其背后的驱动因素,我们会发现它们具有一个共同的特点,那就是:以价值共生替代竞争。

第七项:领导者的新角色

彼得·德鲁克先生说过:"无人能够左右变化,唯有走在变化之前。在动荡不定的时期,变化就是准则。但是,只有将领导变革视为己任的组织,才能生存下来。"面对剧变时代的经营环境,领导者需要以全新的角色出现:布道者、设计者、伙伴。

布道者

布道本是指宣传基督教的教义,布道者就是布道的人。美国政治活动家和政治学家亨利·基辛格说:"领袖的任务就是带领人们从所在之处到达他们从未到达之处。他做了一个远大的决策,树立了一个宏大的愿景,他还要把他的决策和愿景一一分享给他人,让他人了解到他所做的事业有多么伟大。因此,他选择了一条捷径,那就是通过'布道'和分享去教育他们。"

领导者"布道"就是向员工传递组织所面

临的紧迫性、必要性,同时培养员工自我超越的理念,激发员工自我改变的积极性和主动性。通过"布道",在每个员工的心中播种自我超越的"种子",影响员工的思想意识、价值观念,才能维持企业在一个剧变环境下所需要的向心力。

正如美国前总统吉米·卡特所说:"时刻记住自己有多强大,不要忘记个人的力量能起多大的作用。牢记,这个可能改变世界,改变社区,改变家庭,改变你自己。"处于剧变时代的领导者必须具有通过"布道"激励追随者和下属的领袖魅力,确切地说,领导者通过布道使下属"自动自发"地产生改变自己、改变社群、改变组织、改变社区的强烈动机和积极行动。

在这样一个多元文化价值观下,对与错在

很多时候比较模糊,甚至是不确定的,确实需要一个具有非权力性影响力的"布道者"来告诉员工什么是对的、什么是错的。尤其值得指出的是,在这种理念和价值观处在变化的情形下,更需要通过一种能让大多数成员信服、认同,甚至崇信、崇拜的精神理念来组织成员的共同精神体系,同时领导者需要通过这种过程来获得组织的凝聚力。

华为的任正非与阿里巴巴的马云在这一点上尤为突出,他们都有着极强的"布道者"特征。华为17万人能够达成"力出一孔,利出一孔"之功效,与任正非不断诠释华为"奋斗者"的内涵,不断强化内部"危机意识",不断要求华为管理者"自我批判",以及及时保持高密度的沟通,采用公开信、讲话以及年度致辞等一系列努力分不开。每一次任正非的讲话,都会引发巨大的反响,每一次任正非的观点,都可以引发组织内成员甚至组织外成员的反思和共鸣。甚至华为的广告,也是任正非"布道"的最佳渠道,无论是"芭蕾脚""布鞋院士",还是"瓦格尼亚人捕鱼""上帝粒子",都给人以明确的华为价值观传递,这几则广告一经推出,都引发了巨大的共鸣,这就是华为的魅力。在华为内部,17万员工实际上都深深受到了任正非的影响,带着一种清教徒式的虔诚和修行般的克制对待这位企业领袖。

阿里巴巴的马云同样极为出色,如果你走到中国的各大机场,听到最多的声音也许不是机场播音员播报信息的声音,很可能是马云讲课的声音。在阿里巴巴还未产生如此巨大影响之前,马云已经用自己的声音,让人们相信他的"梦想"一定会实现,他的商业模式以及理念一定可以成功。而在阿里巴巴具有极大影响力之后，马云运用传播的力量，持续不断地让人们理解阿里巴巴的成长与变化，持续不断地与资本市场对话、与用户对话、与市场对话甚至与世界对话。无论是通过在阿里巴巴设立的"闻味官"、构建的系统的价值观（被称为"独孤九剑"），还是被称作"六脉神剑"的组织管理方式，马云都很好地引领着这家创新的企业，持续走在成长的路上，并创造了属于自己的奇迹。

同样出色的是苹果的乔布斯。乔布斯是被世界公认的"教父"级人物，被认为是计算机业界与娱乐业界的标志性人物。他经历了苹果公司几十年的起落与兴衰，先后领导和推出了麦金塔计算机（Macintosh）、iMac、iPod、iPhone、iPad等风靡全球的电子产品，深刻地改变了现代通信、娱乐、生活方式。他对于创新的理解，对于品质完美的追求，对于简单就是快乐的界定，以及宗教般地维护顾客体验的追求，都成为人们从内心去拥抱的商业价值理念。他因"活着就是为了改变世界"的人生价值观，以及禅定的修行，成为引领人们的精神领袖。美国前总统奥巴马说："乔布斯是美国最伟大的创新领袖之一，他的卓越天赋让他成为能够改变世界的人。"比尔·盖茨说："很少有人对世界产生像乔布斯那样的影响，这种影响将是长期的。"

这些优秀领导者所带领的企业，都因应领导者的"布道"而不断地驱动自我成长，并推动社会进步。由此可以理解，领导者除了需要不断自身变革，打破惯性和常规之外，还需要根据经营环境的各种变化向员工和客户传递变革思想，并且，这种"布道变革"本身就成为领导者工作的一部分。为了带领新希望六和实现战略转型，让这家最传统的农牧公司能够拥抱互联网，面向未来，我们也同样践行了"布道变革"的方法。为了能够让大家达成共识，除了频繁走访、培训之外，我还为全体经理人写了内部交流信。3年中一共写了9封信，这9封信可以说在帮助传递组织变革的决心、战略方向的诠释，以及上下同欲的达成方面，起到了极为关键的作用。

设计者

选择"设计者"这个词来诠释领导者新角色，是因为现今的领导者不仅要有战略洞察力、理解消费者与人性需求的能力，而且要能够把这一切转化为商业模式、产品以及组织制度。"设计"这个词,不仅包括产品,而且包括整个公司的价值理念。它包括公司所能够提供的体验的各个方面,无论是有形的还是无形的。

据资料介绍,《国际设计》(*International Design*)杂志在1999年第一次,也是唯一一次发表了40家"美国最以设计为主导的公司"名单。毫无疑问苹果公司榜上有名,还有卡特彼勒公司(Caterpillar)、吉列公司(Gillette)、IBM公司、纽巴伦公司(New Balance)以及3M公司等。有意思的是,半数以上的公司是服务型公司,比如亚马逊公司、联邦快递、CNN、迪士尼、纽约扬基人(New York Yankees)。这一名单让我很惊讶,同时我也理解到,"设计"导向不是一个产品与技术的概念,而是一家公司的理念。

推荐大家看看舒尔茨的《将心注入》和《一路向前》，通过这两本书，我们可以全面理解星巴克的设计理念。"我们确立了'第三场所'（third place）的身份。"星巴克人会这样告诉你。他们确信有了自己的特色——"第三场所"，这个场所既不是工作单位，也不是家，而是避风港。星巴克把喝一杯"随意的爪哇咖啡"转变成一种"星巴克生活方式"。不管是有意的还是无意的，很多人把这种生活方式归结为在等飞机的空隙时间喝一杯咖啡，或者偶然经过某个商圈的星巴克时，坐下来读读书，或者写写作业。星巴克就这样做到了，为人们"设计"了一个生活中的"第三场所"。

我自己很喜欢宜家（IKEA），每次去宜家卖场，人都多到爆棚，似乎很多人把周末逛宜家作为全家人的"节目"。通过问身边的朋友,我发现喜欢宜家的人很多,大家说尤其喜欢宜家的生活方式:其家居环境给人一种简洁、方便、安稳、舒适的感觉。宜家于1943年创建于瑞典,以"体验营销"的手法闻名。其创始人把自己的生活体验感受融入卖场,所以在卖场随处可以感受人们家居生活需求的满足。宜家总是透过卖场布置和空间陈列,将商品展现出来,让消费者感受:"我家如果变成这样,该有多好。"1976年,宜家成立30周年的时候,创始人英格瓦·坎普拉德(Ingvar Kamprad)发表了《一个家具商的誓约》,其中提道:"真正的宜家精神,是由我们的热忱、我们持之以恒的创新精神、我们的成本意识、我们承担责任和乐于助人的愿望、我们的敬业精神,以及我们简洁的行为所构成的。""为大众创造更美好的日常生活"这一价值追求就是宜家明确的"设计"理念,并被传递到消费者的体验中。

隆吉诺蒂·布伊托尼(Longinotti Buitoni)对"普通产品"和"梦想产品"进行了区分,结论如表 5-2 所示。

表 5-2

普通产品	梦想产品
麦斯威尔咖啡	星巴克
BVD	维多利亚的秘密
现代汽车	法拉利
铃木摩托车	哈雷摩托车

每一对产品中的前一个都没有做错什么,都满足了顾客的需求,但是后者更具有梦想般的力量,这使它远远超越了仅仅满足某种需求的程度,从而具有了独特的魅力。

"设计"导向,让一家公司的商业模式和产品具有了"梦想"的力量,让一家公司的制度安排具有了"梦想"的力量,这一切就是领导者需要履行的责任。

伙伴

今天的管理是一种基于共享价值的新范式。新范式的挑战在于领导者与组织成员之间的关系改变了,要在管理者与管理者、管理者与员工、员工与员工之间建立和保持一种可信任、可亲近、可包容、坦率而不伤及员工内心的工作关系,彼此成为伙伴式甚至好友式的同事关系。这意味着管理者的领导方式需要做出改变,员工要能够与领导者平等对话;在员工专业领域内,领导者要能够成为被管理者,成为团队成员之一。这就需要领导者抱有关爱之心、包容、具有亲和力以及甘愿成为被管理者。

抱有关爱之心

稻盛和夫在《领导者的资质》一书中写道:"领导者的优秀资质是什么呢?我认为可以归纳为以下五点。第一,具备使命感。第二,明确地描述并实现目标。第三,挑战新事物。第四,获取众人的信任和尊敬。第五,抱有关爱之心。"稻盛和夫认为,领导者必须发挥出强有力的领导作用,而在他的心底,又必须抱有亲切的"关爱之心",换种说法,可以用基督的"爱"和佛陀的"慈悲"来比喻。稻盛和夫用了一句极为特别的话表达他对这项领导资质的看法,他说,真正的领导者应该是"以爱为根基的反映民意的独裁者"。

领导者绝不能只考虑自己,需要有利他之心,需要具有为大家谋幸福的发心,需要能够引领大家进步与成长,需要与员工一起创造价值并分享价值,让员工可以分享到企业的成长。这样的关爱,才是真正的关爱,才可以推动员工进步与成长。

包容

在华为的管理体系里,有一个著名的"灰度管理"理念。任正非之所以提出管理者要学会"灰度管理",是因为他感觉到华为需要具有包容的管理理念,需要有授权的习惯来解决问题,更需要通过建立彼此的信任来构建合作。任正非在2015年市场工作会议上的讲话中谈道:"我们在吸引社会高端人才的同时,更要关注干部、专家的内生成长,不要看这个不顺眼,看那个也不顺眼,对做出贡献的员工,放手让他们发挥作用,试试看。我们要能接受有缺陷的完美。没有缺陷,是假的。"

任正非对华为人诠释过他所提出的"灰度管理"。他说:"坚定不移的正确方向来自灰度、妥协与宽容。一个清晰的方向,是在混沌中产生的,是从灰色中脱颖而出的;方向是随时间与空间而变的,它常常又会变得不清晰,并不是非白即黑、非此即彼。合理地掌握合适的灰度,是使各种影响发展的要素,在一段时间和谐。这种和谐的过程叫妥协,这些和谐的结果叫灰度。"

即使你的组织没有用"灰度管理"的理念,但是只要在组织内形成包容、开放的心态,组织就会有活力,就会有与变化和不确定性相处的能力,同时也会给员工提供一个宽松的成长环境,让员工能够不断尝试和创新。

具有亲和力

2016年年末,我与田涛、孟平、曹轶以

及姚洋教授一起和华为创始人任正非见面交流。约好早上 9:30 见面，想不到到了见面地点，任先生已经早早在那里等待我们，我们都很感动。坐下后，任先生看到我们穿得单薄，就问身边的同事，看看有壁炉的会议室是否空闲，如果空闲，我们转场去那里。确认可以过去后，任先生就带着我们转场去另一个会议室了。

令我惊奇的是，任先生自己开车当司机带我们过去。我和姚老师都说，这该是史上最贵的"司机"，想不到任先生说，他本来打算早上到酒店接我们，但是看到路线并不顺，担心影响见面时间，所以直接到会议室等我们了。坐在任先生亲自驾驶的汽车上，回想刚一见面的这两个环节，我已经深深地被其折服，这是一个完全不一样的领袖。虽然我跟踪华为案例 20 多年，虽然也有很多的机会与华为高管层交流，虽然也在许多媒体上看到、听到对于华为的各种介绍，虽然田涛在写《下一个倒下的会不会是华为》一书的过程中，我们一直保持交流，但是，与任先生见面交流一开始的这两个环节，让我有一种更不同的认知、一种独特的感受。

交流到中午时分，当任先生知道我们要赶去机场时，马上嘱咐服务员把本来是他自己预订的午饭送上来给我和姚老师吃。我们也客随主便，把任先生和家人预订的盒饭给吃掉了。之后，他陪着我们下电梯到车库，想不到他会为我拉开车门，那一刻我被任先生细致、平和的品性折服。车行驶在去机场的路上，我回想这个上午，只有我们和任先生之间安静地交流，没有人来打扰，没有电话进入，一切都是从从容容，也是那样的专注，这一点可见任先生和华为的品质。

甘愿成为被管理者

在组织内建立伙伴关系,需要领导者做出表率,其中最核心的要求是,领导者如何成为团队的一员,如何在组织中成为一名被管理者。每个人都有自己的局限性,学会"接受"也是心性成长中很重要的一部分。

在大部分情况下,人们会认为帮助别人,是一种美德。但是我们也需要知道,能够主动寻求帮助,也是一种美德。我总是记得自己上课时给学生讲的一个小男孩与糖果的故事。有一天,小男孩和妈妈逛糖果店,糖果店的老板非常喜欢这个小男孩,就对小男孩说:"你喜欢哪个糖果,就自己拿吧。"但是小男孩摇头,没有去拿。老板问了三遍,小男孩都没有动,妈妈也建议他去拿，但是他还是没有动。老板觉得这个孩子真好，就自己拿了一大把给小男孩，小男孩高兴地用衣服兜着糖果，和妈妈离开了糖果店。妈妈觉得奇怪，就问孩子："叔叔让你拿的时候，你为什么不拿呢？"小男孩说："我的手没有叔叔的手大。"我特别喜欢这个故事，喜欢这个小男孩。接受自己的局限，并主动寻求帮助，从而获得成长。

戈壁之行，我也如此去了解自己的局限性：在学生之中，我没有以老师的身份出现，而是让自己安心去做一个队员、一个合格的队员，接受自己在戈壁挑战之途中的事实，正视自己的局限性，配合组织规定，做好队员的角色，接受帮助和引领。我想这是我可以完美完赛的核心保障。更重要的是，扮演"队员"角色，融入团队，也保障了组织的完赛和成功。

在一个以互联和数字为特征的时代，企业的价值不是由企业创造的，而是由许多人一起创造的，包括员工、顾客、股东以及相关产业链与价值共同体上的所有人。所以，企业领导者应该聚合企业内外部所有的资源、能力，集合大家一起来创造价值。

重述开篇的那句话：

这是一个英雄辈出的时代，更是一个集合智慧的时代。

| 结束语 |

未来已来,请有尊严地放手

"未来已来"时的你与世界

我们今天所做的任何事情,决定了我们的未来,因此,必须用未来的眼光回看今天。经过多年的实践和努力,我懂得了一个最简单的道理:未来是创造出来的,而非预测的结果。我们如何成为"未来已来"时的世界主体呢?首先,你需要看到未来,主导自己的成长。这是一个非常有意思的时空,眼前正在发生的一切,就是你未来发生的一切。

眼前正在发生的一切,也是未来发生的一切

重新定义行业的边界

从工业1.0到工业4.0,人与人、人与设备以及人与市场的连接方式都改变了。互联网、物联网、人工智能、生命科学技术一直在变化,所有行业的边界都会被重新定义。

比如一家生产拖拉机的公司,按照传统逻辑,只需要生产一种产品。当人工智能出现时,拖拉机需要变成智能型产品;当移动互联技术出现时,拖拉机要变成移动互联产品;当物联网技术出现时,拖拉机必须变成一个产品系统;在一个更大的智能互联的大体系中,拖拉机必须是一个产品结构。这家生产拖拉机的企业也一定在一个结构中,而不能只生产一种产品。它不仅要考虑消费者的价值,还要考虑产业链

的价值,以及在产业中其他相关者的价值。

今天的企业,如何判断自己的竞争力或存在优势?很简单,看你的企业是处在一个结构体系中,还是一家孤立的企业。如果你的企业仅仅是一家孤立的企业,可能就有风险,但如果你的企业处在一个结构体系中,就不必有太多的担心。在今天的变化格局中,"与谁竞争"一定是过去式,因为所有行业都有新进入者,你根本无法明确你的竞争对手;而"与谁合作"却是一条可行的道路,你会处于一个更强的、多元的合作中。我们每个人对于技术、数据、产业的理解都需要调整。

通用电气:从"科技改变生活"到"科技改变效率"

通用电气是一家制造企业转型的成功案

例，它凭借着对技术和产业的理解，通过转型变革走在了行业的前列。

20世纪八九十年代，通用电气经历过一次巨大的转型和变革，它从单纯的制造企业转向具备服务属性的制造企业，其中最重要的一个创造就是提供了金融服务。

2008年之后智能技术和互联网技术的出现使通用电气敏锐地察觉到，它给客户提供的最重要的解决方案应该是效率的改善、精准的生产以及有效的增值服务。所以，通用电气开始围绕着提升客户效率，彻底地调整企业的结构和价值定位。

通用电气之前的口号是"科技改变生活"或者"科技，让生活变得更美好"，今天，它的口号已经变为"科技改变效率"。它认为，即使工业互联网只能让系统的效率提高1%，其效益也将是巨大的。

> :: 航空系统节约 1% 的燃料，意味着节省 300 亿美元。
> :: 电力系统节约 1% 的燃料，意味着节省 660 亿美元。
> :: 原医疗系统效率提高 1%，可以节省 630 亿美元。
> :: 石油、天然气的资本支出降低 1%，可以节约 900 亿美元。

它开始着力于设计一种新型的计算方法，并开发一套航空智能运营服务系统，希望能够提前一个月预测到哪些发动机急需维护修理，并且使准备率达到 70%，从而使得系统维护时间大幅降低，最终降低飞机的延误率。

正是因为这项明确的战略调整，通用电气卖掉了 20 世纪八九十年代最赚钱的业务——

财务公司,紧接着,又卖掉了它原来最重要的业务之———家庭电器,因为这些已经不是改变效率的最重要战略要素了。

这一巨大的调整使得通用电气在2013年时对自己说:"在这一轮的信息互联智能技术当中,很高兴感受到通用电气又走到了前列。"

未来商业时代运作

除了制造工业,商业也做出了调整。曾鸣老师用"云时代"来形容这种调整。云时代,以消费者为中心,企业内部实现社区化,企业之间进行价值网协同。从运作逻辑,到世界图景,再到时间法则,甚至空间、分工协作以及发展都发生了变化。如果商业时代所有主轴上的东西都调整了,那么我们的管理和运营也需要做出巨大的调整。

一切皆变,一切皆存在

我们需要认真对待两个重要因素的改变:行业本质竞争要素和增长逻辑。它们的改变又受到两个现实存在的影响:一是新人类的出现。8亿互联网人群是重要的商业人群,他们既是生产者,也是消费者,更是创造者。二是互联网带来了生活方式的改变。

行业竞争的本质要素改变

在工业时代,重要的行业竞争要素是规模增长、质量取胜和成本驱动。珠江三角洲的产业基础如此之好,就是因为企业在规模、质量、成本之间取得了良好的平衡,比如美的、顺德农商银行、万和等。

我以2015年为分割点,对互联网时代做了一个区分:2015年之前为互联网1.0时代,那时最重要的竞争要素依然是规模增长。但核心要素变成了盈利增长、技术进步以及资本驱动。换个角度说，更重要的是创造力以及对技术的改造和资本力量的运用。

2015年后为互联网2.0时代。在互联网2.0时代，我认为行业最重要的要素变成了有效市场，而不是广泛市场，是精准用户，而不是免费用户，然后是流量、大数据以及价值创造。

增长逻辑的改变

工业时代的增长逻辑是线性增长。比如今年投入，明年就会产出，每一年涨20%，甚至100%都是可以的。只要有增长就很好，并不需要确保高增长。

互联网2.0时代的增长是非连续性的，它

不源于简单的、线性的投入，而是源于创造和创新，并且带来了很多调整。

很多行业的新进入者用创造性实现增长，所以颠覆了原行业的逻辑。比如从前，做农业的人做品牌非常困难，但不做农业的人来做农业品牌反而比较容易。因为传统农业主要考虑成本，越便宜越好，但是不做农业的人不讨论成本，讨论品牌，怎么贵，怎么卖，而且他们是一个一个产品卖，我们却是一筐一筐地卖。

增长逻辑因为创造、创新而改变，不再是连续性和线性的，而是非线性、非连续性的量级增长。

创新价值不同

在工业时代，创新最重要的价值体现在产

品上,所以大家关注质量、渠道、规模。换句话说,在工业时代,最重要的是"质量至上,渠道为王,规模经济"。有很长一段时间,流行着"得渠道者得天下"。

互联网 1.0 时代变成了"消费为王"的时代,"双 11"的出现就是典型的消费狂欢日。这个时代最重要的是"营销至上,流量为王,虚拟经济"。线上企业的快速成长,使得实体经济非常焦虑。

2015 年之后的互联网 2.0 时代,大家又在改变,线上、线下其实是一个世界,这个世界最重要的特点是产业之间的互动。所以,这个时代的核心就变成了"产品至上,服务为王,共生经济"。

以上三个不同的价值创新点,意味着整个价值创新的逻辑在变。巨大型的企业也要改变,比如 IBM 卖掉一些业务,把自己完全变成新的平台型企业。比如阿里巴巴和腾讯,在产品至上、服务至上的互联网 2.0 时代中得以崛起。

唯一不变的是回归顾客价值

在这些变化中一定有一个不变的主线,就是回归顾客价值。德鲁克说:"企业存在的唯一目的就是创造顾客。"拿破仑有一句话,给我留下了深刻的印象。有人问他:"为什么滑铁卢战役你会失败?"他说:"我很久没有跟士兵喝汤了。"

淘汰企业的,不是技术、资金和策略,也不是变化、动荡和冲突,唯一的原因就是:你与顾客分离了。

面向未来的四个关键词：
技术、数据、创造与智慧

时代的改变，其实是"人"的改变，而这一点，对管理的挑战最大。管理一直要解决的核心问题就是：人与组织、目标的关系。

从农业社会、工业社会到信息社会，对人的要求变了：农业社会要体能，工业社会要知识，信息社会要创意。正是因为这样，员工与组织的关系也变了，从劳工关系变成雇用关系、伙伴关系。组织的逻辑也得改变：管控的直线逻辑变成分责分权的层级逻辑，再变成今天合作伙伴的平等的网状关系。

面向未来，企业管理者需要关注四个最重要的关键词——技术、数据、创造与智慧，它们是这个时代真正的驱动力量。理解这四种力量需要真正地改造自己——要有全新的认知，要能够真正地创造，要能够拥抱智慧，要有自己的判断。

创造未来比预测未来更重要，答案在你自己手上

最后，我想用凯文·凯利的一句话作为结束语——有尊严地放手吧。

我希望你有尊严地放弃所有的成功，我希望你有尊严地放弃你所有得意扬扬的东西，我也希望你有尊严地放弃你过去的一切。当你能够有尊严地去放弃的时候，我相信你会得到答案，可是答案在哪里？又有个人帮你回答了，你可能想不到会有一个人，唱歌也能拿诺贝尔奖吧？鲍勃·迪伦告诉我们："朋友，答案在风中飘扬。"

我是相对乐观的人。在我看来,做企业经营的人最重要的是判断机会,机会如果是有利的,你就把它作为你的条件;如果宏观环境对你是不利的,就把它当成空气,必须接受。做经营的人一定要记住:答案其实就在我们手中。我们愿意改变,就可以变得很美好,而这一切的决定权都在自己的手上。

参 考 文 献

[1] 维克托·迈尔-舍恩伯格,肯尼思·库克耶. 大数据时代 [M]. 盛杨燕,周涛,译. 杭州:浙江人民出版社,2013.

[2] 凯文·凯利. 失控 [M]. 张行舟,陈新武,王钦,译. 北京:电子工业出版社,2016.

[3] 凯文·凯利. 技术元素 [M]. 张行舟,余倩,译. 北京:电子工业出版社,2012.

[4] 任正非. 一江春水向东流 [EB/OL]. [2013-12-26].http://finance.ifeng.com/busin-ess/special/fhsd46/.

[5] 田涛,吴春波. 下一个倒下的会不会是华为(珍藏版) [M]. 北京:中信出版集团,2016.

[6] 郭士纳. 谁说大象不能跳舞[M]. 张秀琴, 音正权, 译. 北京: 中信出版集团, 2015.

[7] 陈涛, 柯恩. 同仁堂健康: 百年老字号的互联网转型[EB/OL]. [2015-07-03]. http://www.ebusinessreview.cn/articledetail-275116.html.

[8] 陈春花, 任颋, 李飞. 组织管理案例与公案教学(第一季)[M]. 北京: 机械工业出版社, 2016.

[9] 拉姆·查兰. 求胜于未知[M]. 杨懿梅, 译. 北京: 机械工业出版社, 2015.

[10] 黎万强. 参与感[M]. 北京: 中信出版社, 2014.

[11] 黄铁鹰. 褚橙你也学不会[M]. 北京: 机械工业出版社, 2015.

[12] 彼得·德鲁克. 管理未来[M]. 詹文明, 译. 北京: 机械工业出版社, 2009.

[13] 克莱顿·克里斯坦森. 创新者的窘境[M]. 胡建桥, 译. 北京: 中信出版社, 2013.

[14] 杨勇,韩树杰. 中国式众筹[M]. 北京:中信出版集团,2015.

[15] 安娜贝拉·加威尔,迈尔克·库苏麦诺. 平台领导[M]. 袁申国,刘兰凤,译. 广州:广东经济出版社,2007.

[16] 怀特海. 教育的目的[M]. 庄莲平,王立中,译. 上海:文汇出版社,2012.

[17] 陈春花. 激活个体[M]. 北京:机械工业出版社,2015.

[18] 高扬.《财富》年度中国商人:中国最成功职业经理人的成长史[EB/OL]. [2017-01-18]. http://www.fortunechina.com/business/c/2017-01/18/content_277335.htm.

[19] 陈春花,赵曙明,赵海然. 领先之道(修订版)[M]. 北京:机械工业出版社,2016.

[20] 彼得·德鲁克. 管理的实践(珍藏版)[M]. 齐若兰,译. 北京:机械工业出版社,2009.

[21] Levitt T. Marketing Myopia [J]. Harvard

Business Review, 1960, 54(5): 45-56.

[22] 娄月. 探路者盛发强：传统企业必须从经营渠道向经营用户转型[EB/OL]. [2015-01-25]. http://www.iheima.com/top/2015/0125/148992.shtml.

[23] 弗雷德里克·泰勒. 科学管理原理[M]. 马风才, 译. 北京：机械工业出版社, 2007.

[24] 曾鸣, 宋斐. 云商业的大创想[EB/OL]. [2012-09-03]. http://www.ebusinessre-view.cn/articledetail-159126.html.

[25] 罗恩·阿什肯纳斯, 戴维·尤里奇, 托德·吉克, 史蒂夫·克尔. 无边界组织：移动互联时代企业如何运行（原书第2版）[M]. 姜文波, 刘丽君, 康志军, 译. 北京：机械工业出版社, 2016.

[26] Marco Iansiti. "生态圈"引发商业成功[EB/OL].[2005-09-18]. http://www.china value.net/announce/ccidentnews.htm.

[27] Kim S, Lee J, Yu K. Corporate Culture and Organizational Performance [J]. Journal of Managerial Psychology, 2004, 19（4）, 340-359.

[28] Barney J. Organizational Culture: Can It Be a Source of Competitive Advantage? [J]. Academy of Management Review, 1986, 11（3）: 656-665.

[29] 陈春花. 从理念到行为习惯：企业文化管理 [M]. 北京：机械工业出版社，2011.

[30] 刘铮铮. 阿里巴巴 CEO 卫哲：价值观是训练出来的 [J]. 中欧商业评论，2009，（1）：134-136.

[31] 林颖颖，郭紫薇. 企业招聘面试设"闻味官"评估价值观 [EB/OL]. [2009-11-03]. http://sh.xinmin.cn/minsheng/2009/11/03/2845843.html.

[32] 陈春花，刘祯. 阿里巴巴：用价值观领导"非

正式经济事业"[J]. 管理学报,2013,10(1): 22-29.

[33] 彼得·德鲁克. 创新与企业家精神[M]. 蔡文燕,译. 北京：机械工业出版社,2009.

[34] 霍华德·舒尔茨,多莉·琼斯·扬. 将心注入[M]. 文敏,译. 北京：中信出版社,2015.

[35] 陈国海. 组织行为学[M]. 北京：清华大学出版社,2008.

[36] 杨锡山,等. 西方组织行为学[M]. 北京：中国展望出版社,1986.

[37] 陈春花,曹洲涛,刘祯,乐国林,等. 组织行为学：互联时代的视角[M]. 北京：机械工业出版社,2016.

[38] 稻盛和夫. 阿米巴经营[M]. 曹岫云,译. 北京：中国大百科全书出版社,2016.

[39] 克里斯·阿吉里斯. 个性与组织[M]. 郭旭力,鲜红霞,译. 北京：中国人民大学出版

社，2007.

[40] 陈维政，张丽华，忻榕. 转型时期的中国企业文化研究 [M]. 大连：大连理工大学出版社，2005.

[41] 陈春花，杨忠，曹洲涛，等. 组织行为学 [M]. 3版. 北京：机械工业出版社，2016.

[42] 陈春花，宋一晓，曹洲涛. 组织支持资源影响员工幸福感的内在机理：基于视睿科技的案例研究 [J]. 管理学报，2014，11（2）：206-214.

[43] 和君咨询. 时代呼唤合伙人制 [EB/OL]. [2016-08-17]. http://money.163.com/16/0817/11/BULSS2EG002557RH.html.

[44] Voydanoff P. Implications of Work and Community Demands and Resources for Work-to-Family Conflict and Facilitation [J]. Journal of Occupational Health Psychology, 2004, 9（4）：275-285.

[45] Mesmer M J, Dechurch L A, Jimenez M. Coworker Informal Work Accommoda-tions to Family: Scale Development and Validation [J]. Educational and Psycho-logical Measurement, 2010, 70(3): 511-531.

[46] 李晏墅, 李晋. 员工幸福的快乐管理探索 [J]. 经济管理, 2007, 29(8): 4-8.

[47] William James. Varieties of Religious Experience [M]. New York: Mentor, 1902.

[48] Kathryn M Page, Dianne A Vella-Brodrick. The "What", "Why" and "How" of Employee Well being: A New Model [J]. Social Indicators Research, 2009, 90(3): 441-458.

[49] 蒲德祥. 幸福组织: 概念、思想溯源及研究框架 [J]. 安徽师范大学学报: 人文社会科学版, 2012, 40(2): 177-184.

[50] 创业邦. 亚马逊 CEO 年度股东信: Prime 会员服务、市场平台以及 AWS 云计算平台为三

大支柱 [EB/OL]. [2016-04-06]. http://finance.jrj.com.cn/tech/2016/04/06081820788712.shtml.

[51] 李智超,罗家德. 透过社会网观点看本土管理理论 [J]. 管理学报,2011,8(12):1737-1747.

[52] 马春荃. 自组织能力:床头企业的组织进化愿景 [J]. 清华管理评论,2014,(7):38-45.

[53] 彼得·德鲁克. 管理:使命、任务、实务 [M]. 王永贵,译. 北京:机械工业出版社,2009.

[54] 绪方知行,田口香世. 零售的本质:7-Eleven便利店创始人的哲学 [M]. 陆青,译. 北京:机械工业出版社,2016.

[55] 陈春花,赵海然. 争夺价值链 [M]. 北京:机械工业出版社,2016.

[56] 刘海潮. 基于价值网络的战略变化效应扩散机制 [J]. 科学学与科学技术管理,2007

(11): 110-113.

[57] 曾涛. 系统锁定: 网络时代的商业智慧 [M]. 北京: 机械工业出版社, 2010.

[58] 罗柏特·伯格曼. 战略就是命运 [M]. 高梓萍, 译. 北京: 机械工业出版社, 2004.

[59] 李麦可. 在星巴克遇见德鲁克: 和大师一起喝咖啡、谈管理、聊人生 [M]. 北京: 化学工业出版社, 2013.

[60] 姜岚昕. 领导无形管理有行 [M]. 北京: 机械工业出版社, 2010.

[61] 周掌柜. 任正非的苦难辉煌 [EB/OL]. [2016-07-27]. http://www.ftchinese.com/story/001068631?full=y.

[62] 霍华德·舒尔茨, 乔安·戈登. 一路向前 [M]. 张万伟, 译. 北京: 中信出版集团, 2015.

[63] 稻盛和夫. 领导者的资质 [M]. 曹岫云, 译. 北京: 机械工业出版社, 2014.

[64] 德内拉·梅多斯,乔根·兰德斯,丹尼斯·梅多斯. 增长的极限 [M]. 李涛,王智勇,译. 北京:机械工业出版社,2013.

[65] 乔根·兰德斯. 2052:未来四十年的中国与世界 [M]. 秦雪征,谭静,叶硕,译. 南京:译林出版社,2013.

陈春花管理经典

关于中国企业成长的学问

一、理解管理的必修课

1.《经营的本质》	978-7-111-54935-2	59.00
2.《管理的常识：让管理发挥绩效的8个基本概念》	978-7-111-54878-2	45.00
3.《回归营销基本层面》	978-7-111-54837-9	45.00
4.《激活个体：互联网时代的组织管理新范式》	978-7-111-54570-5	49.00
5.《中国管理问题10大解析》	978-7-111-54838-6	49.00

二、向卓越企业学习

6.《领先之道》	978-7-111-54919-2	59.00
7.《高成长企业组织与文化创新》	978-7-111-54871-3	49.00
8.《中国领先企业管理思想研究》	978-7-111-54567-5	59.00

陈春花管理经典

关于中国企业成长的学问

三、构筑增长的基础		
9.《成为价值型企业》	978-7-111-54777-8	45.00
10.《争夺价值链》	978-7-111-54936-9	59.00
11.《超越竞争:微利时代的经营模式》	978-7-111-54892-8	45.00
12.《冬天的作为:企业如何逆境增长》	978-7-111-54765-5	45.00
13.《激活组织:从个体价值到集合智慧》	978-7-111-56578-9	49.00
14.《协同:数字化时代组织效率的本质》	978-7-111-63532-1	79.00
四、文化夯实根基		
15.《从理念到行为习惯:企业文化管理》	978-7-111-54713-6	49.00
16.《企业文化塑造》	978-7-111-54800-3	45.00
五、底层逻辑		
17.《我读管理经典》	978-7-111-54659-7	45.00
18.《经济发展与价值选择》	978-7-111-54890-4	45.00
六、企业转型与变革		
19.《改变是组织最大的资产:新希望六和转型实务》	978-7-111-56324-2	49.00
20.《共识:与经理人的九封交流信》	978-7-111-56321-1	39.00